中华人民共和国
新法规汇编

2022
第8辑

司法部 编

中国法制出版社

编辑说明

一、《中华人民共和国新法规汇编》是国家出版的法律、行政法规汇编正式版本,是刊登报国务院备案并予以登记的部门规章的指定出版物。

二、本汇编收集的内容包括:上一个月内由全国人民代表大会及其常务委员会通过的法律和有关法律问题的决定,国务院公布的行政法规和国务院文件,报国务院备案并予以登记的部门规章,最高人民法院和最高人民检察院公布的司法解释。另外,还收入了上一个月内报国务院备案并予以登记的地方性法规和地方政府规章目录。

三、本汇编所收的内容,按下列分类顺序编排:法律,行政法规,国务院文件,国务院部门规章,司法解释。每类中按公布的时间顺序排列。报国务院备案并予以登记的地方性法规和地方政府规章目录按1987年国务院批准的行政区划顺序排列;同一行政区域报备两件以上者,按公布时间顺序排列。

四、本汇编每年出版12辑,每月出版1辑。本辑为2022年度第8辑,收入2022年7月份内公布的国务院文件2件、报国务院备案并经审查予以登记编号的部门规章11件、司法解释3件,共计16件。

五、本汇编在编辑出版过程中,得到了国务院有关部门和有关方面以及广大读者的大力支持和协助,在此谨致谢意。

司法部

2022年8月

目 录

编辑说明 ………………………………………… (1)

国务院文件

国务院办公厅关于印发国务院2022年度立法工作计
　划的通知 ………………………………………… (1)
国务院关于取消和调整一批罚款事项的决定 ……… (11)

国务院部门规章

海关总署关于废止部分规章的决定 ………………… (22)
中国证券监督管理委员会关于修改《内地与香港股票
　市场交易互联互通机制若干规定》的决定 ……… (23)
　内地与香港股票市场交易互联互通机制若干规定 ……… (23)
交通运输部关于修改《运输机场使用许可规定》的决定 … (29)
　运输机场使用许可规定 ……………………… (31)
交通运输部关于修改《民用航空安全信息管理规定》
　的决定 …………………………………………… (50)
　民用航空安全信息管理规定 ……………………… (52)
涉外气象探测和资料管理办法 ……………………… (62)
互联网用户账号信息管理规定 ……………………… (69)
优抚医院管理办法 …………………………………… (74)
中国清洁发展机制基金管理办法 …………………… (79)
港口基础设施维护管理规定 ………………………… (84)
国家档案馆档案开放办法 …………………………… (90)

交通运输部关于修改《中华人民共和国高速客船安全管理规则》的决定 …………………………（96）
中华人民共和国高速客船安全管理规则 ……………（97）

司法解释

最高人民法院关于充分发挥环境资源审判职能作用依法惩处盗采矿产资源犯罪的意见 ………………（105）
最高人民法院关于办理人身安全保护令案件适用法律若干问题的规定 ………………………………（110）
最高人民法院关于为加快建设全国统一大市场提供司法服务和保障的意见 ……………………………（113）

附：

2022年7月份报国务院备案并予以登记的地方性法规、自治条例、单行条例和地方政府规章目录 …………（124）

国务院文件

国务院办公厅关于印发
国务院 2022 年度立法工作计划的通知

（2022 年 7 月 5 日　国办发〔2022〕24 号）

《国务院 2022 年度立法工作计划》已经党中央、国务院同意，现印发给你们，请认真贯彻执行。

（本文有删减）

国务院 2022 年度立法工作计划

　　2022 年是进入全面建设社会主义现代化国家、向第二个百年奋斗目标进军新征程的重要一年，我们党将召开第二十次全国代表大会。国务院 2022 年度立法工作的总体要求是：在以习近平同志为核心的党中央坚强领导下，高举中国特色社会主义伟大旗帜，坚持以习近平新时代中国特色社会主义思想为指导，深入学习贯彻习近平法治思想，全面贯彻落实党的十九大和十九届历次全会精神，弘扬伟大建党精神，深刻认识"两个确立"的决定性意义，增强"四个意识"、坚定"四个自信"、做到"两个维护"，坚定不移走中国特色社会主义法治道路，坚持党的领导、人民当家作主、依法治国有机统一，坚持稳中求进工作总基调，把握新发展阶段、贯彻新发展理念、构建新发展格局、推动高质量发展，加强重点领域、新兴领域、涉外领域立法，不断提高立法质量和效率，以高质量立法保障高质量发展，加快完善中国特色社会主义法律体系，为推进国家治理体系和治理能力现代化、全面建设社会主义现代化国家提供有力的法治保障，以实际行动迎接党的二十大胜利召开。

一、深入学习贯彻党的十九届六中全会精神，以习近平法治思想为指导做好新时代立法工作

党的十九届六中全会是在建党百年之际召开的一次具有重大历史意义的会议。全会通过的《中共中央关于党的百年奋斗重大成就和历史经验的决议》，系统回顾了中国共产党成立以来特别是党的十八大以来党和国家事业取得的历史性成就、发生的历史性变革，全面总结了党百年奋斗积累的宝贵历史经验。党确立习近平同志党中央的核心、全党的核心地位，确立习近平新时代中国特色社会主义思想的指导地位，反映了全党全军全国各族人民共同心愿，对新时代党和国家事业发展、对推进中华民族伟大复兴历史进程具有决定性意义。要深入学习贯彻党的十九届六中全会精神，深刻认识"两个确立"的决定性意义，从党的百年奋斗重大成就和历史经验中汲取前进的智慧和力量，以实际工作成效担当起新时代赋予立法工作的历史使命。

习近平法治思想是习近平新时代中国特色社会主义思想的重要组成部分，是新时代全面依法治国的根本遵循和行动指南。要深入学习贯彻习近平法治思想，全面把握重要意义、核心要义、丰富内涵、实践要求，准确理解"十一个坚持"的精髓实质，切实把习近平法治思想贯彻落实到立法工作的全过程和各方面，深入推进科学立法、民主立法、依法立法，不断增强立法的系统性、整体性、协同性，使每一项立法都符合中央精神、体现时代特点、反映人民意愿。

二、科学合理安排立法项目，更好服务保障党和国家重大决策部署

坚持围绕中心、服务大局、突出重点，适应立足新发展阶段、贯彻新发展理念、构建新发展格局、推动高质量发展要求，紧跟党中央重大决策部署，紧贴人民群众美好生活对立法工作的呼声期盼，紧扣国家治理体系和治理能力现代化提出的立法需求实际，科学合理安排立法项目，以高质量立法保障和促进经济社会发展目标任务顺利实现。

围绕全面深化改革开放、推动经济高质量发展，提请全国人大常委会审议关税法草案、增值税法草案、金融稳定法草案、铁路法修订草案。制定城市公共交通条例、国务院关于反走私综合治理的若干规定，修订商用密码管理条例、专利法实施细则。预备提请全国人大常委会审议国家发展规划法草案、消费税法草案、电信法草案、反不正当竞争法修订草案、会计法修订草案、银行业监督管理法修订草案、中国人民银行法修订草案、商业银行法修订草案、反洗钱法修订草案、保险法修订草案、计量法修订草案、对外贸易法修订草案、仲裁法修订草案。预备制定国有金融资本管理条例、地方金融监督管理条例、上市公司监督管理条例，预备修订发票管理办法、国家自然科学基金条例、植物新品种保护条例、国有资产评估管理办法、国务院关于股份有限公司境外募集股份及上市的特别规定、国务院关于经营者集中申报标准的规定。

围绕坚持依法行政、加强政府自身建设，提请全国人大常委会审议治安管理处罚法修订草案、行政复议法修订草案。预备提请全国人大常委会审议机关运行保障法草案、人民警察法修订草案、海关法修订草案、统计法修正草案。预备修订事业单位登记管理暂行条例。完善道路交通安全管理等方面的法律制度。

围绕发展社会主义先进文化、增强文化自信，提请全国人大常委会审议文物保护法修订草案。制定未成年人网络保护条例，修订水下文物保护管理条例。预备提请全国人大常委会审议广播电

视法草案。

围绕在发展中保障和改善民生、增进民生福祉,提请全国人大常委会审议学前教育法草案、学位法草案、社会救助法草案、突发公共卫生事件应对法草案、传染病防治法修订草案、国境卫生检疫法修订草案。制定社会保险经办条例、生物技术研究开发安全管理条例、生物医学新技术临床研究和转化应用管理条例,修订人体器官移植条例。预备提请全国人大常委会审议医疗保障法草案、城市居民委员会组织法修订草案、教师法修订草案。推动校外教育培训监管立法。推进社会组织登记管理法治化建设。

围绕加强生态环境保护、建设美丽中国,提请全国人大常委会审议能源法草案、矿产资源法修订草案。制定生态保护补偿条例、碳排放权交易管理暂行条例,修订放射性同位素与射线装置安全和防护条例。预备提请全国人大常委会审议耕地保护法草案、进出境动植物检疫法修正草案。

围绕统筹发展和安全、完善国家安全法治体系,提请全国人大常委会审议粮食安全保障法草案。制定网络数据安全管理条例、领事保护与协助条例、无人驾驶航空器飞行管理暂行条例。预备提请全国人大常委会审议危险化学品安全法草案、国家综合性消防救援队伍和人员法草案、保守国家秘密法修订草案。预备制定煤矿安全条例。

深化国防和军队改革需要提请全国人大及其常委会审议的法律草案,以及需要制定、修订的行政法规,适时提请国务院、中央军委审议。

抓紧做好政府职能转变、"放管服"改革、"证照分离"改革、优化营商环境等涉及的法律法规清理工作。

为实行高水平对外开放,开拓合作共赢新局面,推动构建新型国际关系和人类命运共同体,开展有关国际条约审核工作。

对于党中央、国务院交办的其他立法项目,抓紧办理,尽快完成起草和审查任务。

对于其他正在研究但未列入立法工作计划的立法项目,由有关部门继续研究论证。

三、健全完善立法工作机制,以良法促进发展、保障善治

始终坚持党对立法工作的集中统一领导。紧紧围绕党和国家工作大局开展立法工作,推动党中央有关立法工作的重大决策部署落到实处,加快完成党中央交办的重大立法项目,不断强化对国家重大发展战略的法治保障。严格执行向党中央请示报告制度,党中央确定的重大立法事项,以及立法工作中涉及重大体制、重大政策调整问题的,及时按程序向党中央请示报告。立法工作计划、重大立法项目按要求提交中央全面依法治国委员会审议,支持中央全面依法治国委员会及其立法协调小组、办公室发挥职能作用。推进党的领导入法入规,健全党领导各项事业的法律制度,不断提高党的领导制度化、法治化水平。深入分析社会主义核心价值观建设的立法需求,推动社会主义核心价值观融入立法。

支持配合人大发挥在立法工作中的主导作用。深入学习贯彻习近平总书记关于坚持和完善人民代表大会制度的重要思想以及中央人大工作会议精神,支持全国人大及其常委会发挥在确定立法选题、组织法案起草、审议把关等方面的主导作用,配合全国人大专门委员会、常委会工作机构牵头起草重要法律草案。全面贯彻落实全国人大常委会立法规划、有关立法工作计划,做好法律项目的衔接,加强沟通协调。增强政府立法与人大立法的协同性,统筹安排相关联相配套的法律法规规章立改废释纂工作。充分发挥人大代表作用,起草、审查重要法律法规草案要认真听取人大代表的意见建议,使立法更好地接地气、察民情、聚民智、惠民生。

深入践行以人民为中心的立法理念。坚持问需于民、问计于民、问效于民,积极回应人民群众对立法工作的新要求新期待,不断健全满足人民日益增长的美好生活需要必备的法律制度,把体现人民利益、反映人民意愿、维护人民权益、增进人民福祉落实到立法工作各领域全过程,努力让人民群众在每一项法律制度中都

感受到公平正义。贯彻和体现发展全过程人民民主的重大理念和实践要求，健全吸纳民意、汇聚民智的工作机制，积极运用新媒体新技术拓宽社会公众参与立法的渠道，注重听取基层立法联系点意见，努力做到民有所呼、我有所应，充分凝聚立法共识。聚焦人民群众急盼，加强民生领域立法。对人民群众反映强烈的突出问题，加快完善相关法律制度，补齐监管漏洞和短板。加强对立法工作的宣传，把普法融入立法过程，及时宣传解读新出台的法律法规，特别是人民群众普遍关心关注、与推动经济社会高质量发展密切相关的法律法规，积极回应立法热点问题，讲好新时代立法工作的成就和故事，不断提升人民群众对法律制度的认同感。

着力提升立法的科学性和针对性。把改革发展决策同立法决策更好结合起来，在研究改革方案和改革措施时，要同步考虑改革涉及的立法问题，及时提出立法需求和立法建议，确保国家发展、重大改革于法有据。不断丰富立法形式，统筹谋划和整体推进立改废释纂各项工作，切实避免越权立法、重复立法、盲目立法，有效防止部门利益影响。起草、审查法律法规草案时，同一或相近领域有关法律法规应相互衔接，避免出现法律规定之间不一致、不协调、不适应问题。聚焦法律制度的空白点和冲突点，既注重"大块头"，也注重"小快灵"，从"小切口"入手，切实增强立法的针对性、适用性、可操作性，着力解决现实问题。统筹推进国内法治和涉外法治，加强涉外领域立法，补齐涉外法律制度短板，加快我国法域外适用的法律体系建设，坚决维护国家主权、安全和发展利益。

健全完善立法风险防范机制。立法工作事关国家安全、政治安全和社会稳定，必须贯彻落实总体国家安全观，坚持底线思维、增强忧患意识，加强立法战略研究，对立法时机和各环节工作进行综合考虑和评估论证，把风险评估贯穿立法全过程，着力防范各种重大风险隐患，为党的二十大胜利召开创造安全稳定的政治社会环境。

切实加强法规规章备案审查工作。充分发挥立法监督作用，严格落实"有件必备、有备必审、有错必纠"工作要求,不断提升法规规章备案审查工作质效,切实维护国家法治统一。对报送备案的法规规章依法审查,着重对法规规章是否全面贯彻党的路线方针政策、是否违背法定程序、是否超越法定权限、是否违反上位法规定等进行审查,对发现的问题坚决依法作出处理。持续加强备案审查能力建设,研究修改备案审查法律制度,优化完善备案法规规章数据库,及时向国务院报告年度备案审查工作情况,不断提高备案审查工作规范化、科学化、精细化水平。

持续推进立法工作队伍建设。牢牢把握忠于党、忠于国家、忠于人民、忠于法律的总要求,大力提高立法工作队伍思想政治素质、业务工作能力、职业道德水准。教育引导立法工作队伍把政治建设摆在首位,坚持以习近平新时代中国特色社会主义思想武装头脑,不断提高政治判断力、政治领悟力、政治执行力,加快推进革命化、正规化、专业化、职业化建设。落实党中央关于法治人才培养的决策部署,健全招录制度,加大交流力度,加强教育培训,不断提升立法工作人员遵循规律、发扬民主、加强协调、凝聚共识的能力。

四、切实加强组织领导,确保高质高效完成立法工作任务

国务院各部门要深刻认识立法工作在全面建设社会主义现代化国家中的基础性、保障性作用,高度重视立法工作计划的贯彻执行,聚焦重大部署、重要任务、重点工作,加强组织领导,明确责任分工,主动担当作为,狠抓贯彻落实,在确保立法质量的前提下加快立法工作步伐,高质高效完成各项立法工作任务。

起草部门要紧紧抓住提高立法质量这个关键,遵循立法程序,严守立法权限,深入调查研究,总结实践经验,广泛听取意见,认真做好向社会公开征求意见工作。送审稿涉及其他部门的职责或者与其他部门关系紧密的,应当与有关部门充分协商;涉及部门职责分工、行政许可、财政支持、税收优惠政策的,应当征得机构编制、审改、财政、税务等相关部门同意。起草过程中遇到意见分歧的,应当主动沟通协调,难以解决的重大意见分歧应当及时按程序请示汇报。对于改革发展稳定急需的重大立法项目,必要时成立立法工作专班,协调推动立法进程,集中力量攻坚,确保按时完成起草任务。送审稿涉及重大体制改革、重要改革事项的,应当按照中央已经确定的改革方案对有关内容进行修改完善后再报送。起草部门要按时向国务院报送送审稿、说明和有关材料,为审查、审议等工作预留合理时间。报送送审稿前,起草部门应当与司法部做好沟通,如实说明征求各方意见、公开征求意见、协调重大分歧、落实改革方案以及设定行政许可、行政强制、行政处罚等情况。

司法部要及时跟踪了解立法工作计划执行情况,加强组织协调和督促指导。对于党中央、国务院高度重视,时间要求紧迫的重大立法项目,要加强与起草部门的沟通,必要时提前介入、加快推动,确保程序不减、标准不降、无缝衔接、按时完成。起草部门报送的送审稿存在《行政法规制定程序条例》第十九条规定的情形的,司法部可以缓办或者将送审稿退回起草部门。在审查过程中,有关部门对送审稿涉及的主要制度、方针政策、管理体制、权限分工等有不同意见的,司法部应当加大协调力度,提高协调层级,妥善处理分歧,避免久拖不决。经过充分协调不能达成一致意见的,司法部、起草部门应当及时按程序上报。

附件:《国务院2022年度立法工作计划》明确的立法项目及负责起草的单位

附件

《国务院2022年度立法工作计划》明确的立法项目及负责起草的单位

一、拟提请全国人大常委会审议的法律案（16件）

1. 关税法草案（财政部、海关总署起草）
2. 增值税法草案（财政部、税务总局起草）
3. 金融稳定法草案（人民银行起草）
4. 学前教育法草案（教育部起草）
5. 学位法草案（教育部起草）
6. 社会救助法草案（民政部、财政部起草）
7. 突发公共卫生事件应对法草案（卫生健康委、疾控局起草）
8. 能源法草案（发展改革委、能源局起草）
9. 粮食安全保障法草案（发展改革委、粮食和储备局起草）
10. 铁路法修订草案（交通运输部、铁路局起草）
11. 治安管理处罚法修订草案（公安部起草）
12. 行政复议法修订草案（司法部起草）
13. 文物保护法修订草案（文化和旅游部、文物局起草）
14. 传染病防治法修订草案（卫生健康委、疾控局起草）
15. 国境卫生检疫法修订草案（海关总署起草）
16. 矿产资源法修订草案（自然资源部起草）

此外，预备提请全国人大常委会审议国家发展规划法草案、消费税法草案、电信法草案、耕地保护法草案、机关运行保障法草案、广播电视法草案、医疗保障法草案、危险化学品安全法草案、国家综合性消防救援队伍和人员法草案、反不正当竞争法修订草案、会计法修订草案、银行业监督管理法修订草案、中国人民银行法修订草案、商业银行法修订草案、反洗钱法修订草案、保险法修订草案、计量法修订草案、对外贸易法修订草案、仲裁法修订草案、人民警察法修订草案、海关法修订草案、统计法修正草案、城市居民委员会组织法修订草案、教师法修订草案、进出境动植物检疫法修正草案、保守国家秘密法修订草案。

二、拟制定、修订的行政法规(16件)

1. 城市公共交通条例(交通运输部起草)
2. 国务院关于反走私综合治理的若干规定(海关总署起草)
3. 未成年人网络保护条例(网信办起草)
4. 社会保险经办条例(人力资源社会保障部、医保局起草)
5. 生物技术研究开发安全管理条例(科技部起草)
6. 生物医学新技术临床研究和转化应用管理条例(卫生健康委起草)
7. 生态保护补偿条例(发展改革委起草)
8. 碳排放权交易管理暂行条例(生态环境部起草)
9. 网络数据安全管理条例(网信办组织起草)
10. 领事保护与协助条例(外交部起草)
11. 无人驾驶航空器飞行管理暂行条例(中央军委联合参谋部、交通运输部起草)
12. 商用密码管理条例(修订)(密码局起草)
13. 专利法实施细则(修订)(市场监管总局、知识产权局起草)
14. 水下文物保护管理条例(修订)(文化和旅游部、文物局起草)
15. 人体器官移植条例(修订)(卫生健康委起草)
16. 放射性同位素与射线装置安全和防护条例(修订)(生态环境部起草)

此外,预备制定国有金融资本管理条例、地方金融监督管理条例、上市公司监督管理条例、煤矿安全条例,预备修订发票管理办法、国家自然科学基金条例、植物新品种保护条例、国有资产评估管理办法、国务院关于股份有限公司境外募集股份及上市的特别规定、国务院关于经营者集中申报标准的规定、事业单位登记管理暂行条例。

三、拟完成的其他立法项目

1. 深化国防和军队改革需要提请全国人大及其常委会审议的法律草案，以及需要制定、修订的行政法规

2. 政府职能转变、"放管服"改革、"证照分离"改革、优化营商环境等涉及的法律法规清理项目

3. 党中央、国务院交办的其他立法项目

国务院关于取消和调整一批罚款事项的决定

（2022年7月30日　国发〔2022〕15号）

为进一步推进"放管服"改革、优化营商环境，国务院开展了清理行政法规和规章中不合理罚款规定工作。经清理，决定取消公安、交通运输、市场监管领域29个罚款事项，调整交通运输、市场监管领域24个罚款事项。

国务院有关部门要自本决定印发之日起60日内向国务院报送有关行政法规修改草案送审稿，并完成有关部门规章修改和废止工作，部门规章需要根据修改后的行政法规调整的，要在相关行政法规公布后60日内完成修改和废止工作。罚款事项取消后，确需制定替代监管措施的，有关部门要依法认真研究，严格落实监管责任，创新和完善监管方法，规范监管程序，提高监管的科学性和精准性，进一步提升监管效能，为推动高质量发展提供有力支撑。

附件：国务院决定取消和调整的罚款事项目录

附件

国务院决定取消和调整的罚款事项目录

序号	罚款事项	实施部门	设定依据	处理决定	替代监管措施
1	对取得生产许可证的企业未依照规定定期提交报告，逾期未改正行为的罚款	市场监管部门	《中华人民共和国工业产品生产许可证管理条例》第五十三条	取消	强化落实企业主体责任，通过"双随机、一公开"等方式进行事中事后监管，督促相关主体及时改正。
2	对擅自出厂、销售，进口或者在其他经营活动中使用未经认证的产品行为中轻微行为的罚款	市场监管部门	《中华人民共和国认证认可条例》第六十六条	下调罚款数额	
3	对产品不符合认证标准而使用认证标志出厂销售行为的罚款	市场监管部门	《中华人民共和国标准化法实施条例》第三十五条	取消	与《中华人民共和国标准化法》保持一致，取消后，按照《中华人民共和国产品质量法》有关规定进行监管。
4	对产品未经认证或者认证不合格而擅自使用认证标志出厂销售行为中轻微行为的罚款	市场监管部门	《中华人民共和国标准化法实施条例》第三十六条	下调罚款数额	
5	对违反《产品质量监督行政处罚办法》有关规定的罚款	市场监管部门	《产品质量监督行政处罚办法》第十三条	取消	按照《中华人民共和国产品质量法》有关规定进行监管，避免重复罚款。
6	对未经许可制造、修理计量器具等行为的罚款	市场监管部门	《计量违法行为处罚细则》第十四条第（二）、（三）项	取消	与上位法保持一致，按照《中华人民共和国计量法》《中华人民共和国计量法实施细则》有关规定进行监管。

续表

序号	罚款事项	实施部门	设定依据	处理决定	替代监管措施
7	对眼镜制配者使用属于强制检定的计量器具，经检定不合格继续使用行为的罚款	市场监管部门	《眼镜制配计量监督管理办法》第九条第（一）项	下调罚款数额	
8	对企业在生产许可证有效期内，企业名称、住所或者生产地址名称发生变化未在规定期限内提出变更申请行为的罚款	市场监管部门	《中华人民共和国工业产品生产许可证管理条例实施办法》第三十条、第四十九条	取消	强化落实企业主体责任，通过"双随机、一公开"等方式进行事中事后监管，督促相关主体及时改正。
9	对委托企业和被委托企业未按规定标注生产许可证标志和编号行为的罚款	市场监管部门	《中华人民共和国工业产品生产许可证管理条例实施办法》第四十条	取消	与上位法保持一致，按照《中华人民共和国工业产品生产许可证管理条例》有关规定进行监管。
10	对企业冒用他人的生产许可证书、生产许可证标志和编号行为的罚款	市场监管部门	《中华人民共和国工业产品生产许可证管理条例实施办法》第四十一条、第五十条	调整罚款数额的计算方式	
11	对企业试生产的产品或者包装、说明书标明"试制品"即销售行为的罚款	市场监管部门	《中华人民共和国工业产品生产许可证管理条例实施办法》第四十五条、第五十二条	取消	与上位法保持一致，按照《中华人民共和国工业产品质量法》《中华人民共和国工业产品生产许可证管理条例》有关规定进行监管。

13

续表

序号	罚款事项	实施部门	设定依据	处理决定	替代监管措施
12	对企业未向市场监督管理部门提交自查报告行为的罚款	市场监管部门	《中华人民共和国工业产品生产许可证管理条例实施办法》第四十五条、第五十五条	取消	强化落实企业主体责任,通过"双随机、一公开"等方式进行事中事后监管,督促相关主体及时改正。
13	对未取得生产许可证擅自生产销售防伪技术产品的罚款	市场监管部门	《产品防伪监督管理办法》第二十六条	取消	与上位法保持一致,按照《中华人民共和国产品质量法》有关规定进行监管。
14	对未订立合同或者违背合同非法生产、买卖防伪技术产品行为的罚款	市场监管部门	《产品防伪监督管理办法》第二十七条第(二)项	取消	与上位法保持一致,按照《中华人民共和国产品质量法》有关规定进行监管。
15	对防伪技术产品使用者选用未获得生产许可证的防伪技术产品生产企业生产的防伪技术产品行为的罚款	市场监管部门	《产品防伪监督管理办法》第二十八条第(一)、(二)项	取消	与上位法保持一致,按照《中华人民共和国产品质量法》有关规定进行监管。
16	对伪造或者冒用防伪技术产品生产许可证及防伪技术产品注册登记等证书行为的罚款	市场监管部门	《产品防伪监督管理办法》第二十九条	取消	与上位法保持一致,按照《中华人民共和国产品质量法》有关规定进行监管。
17	对茧丝经营者加工蚕丝不符合地方标准、行业标准行为的罚款	市场监管部门	《茧丝质量监督管理办法》第十条第(一)项、第十八条	取消	与上位法保持一致,按照《棉花质量监督管理条例》有关规定进行监管。

续表

序号	罚款事项	实施部门	设定依据	处理决定	替代监管措施
18	对认证及认证培训、咨询机构未有效管理其执业人员违规行为的罚款	市场监管部门	《认证及认证培训、咨询人员管理办法》第十九条	取消	与上位法保持一致，按照《中华人民共和国认证认可条例》、《认证机构管理办法》有关规定进行监管。
19	对认证机构向不符合要求的认证委托人出具有机产品认证证书行为的罚款	市场监管部门	《有机产品认证管理办法》第八条第二款、第四十条	取消	与上位法保持一致，按照《中华人民共和国认证认可条例》有关规定进行监管。
20	对认证机构出具有机产品销售证超过获证有机产品实际生产、加工数量行为的罚款	市场监管部门	《有机产品认证管理办法》第十四条、第五十二条	取消	与上位法保持一致，按照《中华人民共和国认证认可条例》有关规定进行监管。
21	对未获得有机产品认证的加工产品进行有机产品认证标识标注等行为的罚款	市场监管部门	《有机产品认证管理办法》第五十五条	调整罚款数额的计算方式	
22	对未领取特种行业许可证收购生产性废旧金属业的罚款	公安机关	《废旧金属收购业治安管理办法》第四条第一款、第十三条第二款第（一）项	取消	有关行政许可取消后，改为备案管理。对违反备案管理行为按规定相对较轻的处罚。
23	对违反禁止性规定利用公路桥梁（含桥下空间）、公路隧道、涵洞堆放物品行为中轻微行为的罚款	交通运输部门	《公路安全保护条例》第二十二条第二款、第五十九条	下调罚款起罚数额	

15

续表

序号	罚款事项	实施部门	设定依据	处理决定	替代监管措施
24	对未取得道路运输经营许可擅自从事道路普通货物运输经营行为的罚款	交通运输部门	《中华人民共和国道路运输条例》第六十三条《道路货物运输及站场管理规定》第五十七条	下调罚款数额	
25	对未取得道路运输经营许可擅自从事道路运输（含国际道路旅客运输）经营行为中轻微行为的罚款	交通运输部门	《中华人民共和国道路运输条例》第六十三条《道路旅客运输及客运站管理规定》第九十三条《国际道路运输管理规定》第三十八条	下调罚款起罚数额	
26	对从事机动车维修经营业务未按规定进行备案且拒不改正行为的罚款	交通运输部门	《中华人民共和国道路运输条例》第六十五条第三款《机动车维修管理规定》第四十九条	下调罚款数额	
27	对道路货运经营者不按照规定随车携带道路运输证行为的罚款	交通运输部门	《中华人民共和国道路运输条例》第六十八条《道路货物运输及站场管理规定》第五十九条第二款	取消	通过信息化等手段进行查验和监管。

续表

序号	罚款事项	实施部门	设定依据	处理决定	替代监管措施
28	对道路客运经营者不按照规定随车携带道路运输证行为的罚款	交通运输部门	《中华人民共和国道路运输条例》第六十八条 《道路旅客运输及客运站管理规定》第九十七条第二款	取消	通过信息化等手段进行查验和监管。
29	对道路危险货物运输企业或者单位不按照规定随车携带道路运输证行为的罚款	交通运输部门	《中华人民共和国道路运输条例》第六十八条 《道路危险货物运输管理规定》第五十九条	取消	通过信息化等手段进行查验和监管。
30	对客运班车不按照批准的配客站点停靠或者不按照规定的线路、日发班次下限行驶等行为的罚款	交通运输部门	《中华人民共和国道路运输条例》第六十九条第（一）、（三）、（四）项 《道路旅客运输及客运站管理规定》第一百零一条第一款第（一）、（二）、（四）至（九）项	下调罚款数额	
31	对货运站经营者对超限、超载车辆配载,放行出站行为中经微行为的罚数	交通运输部门	《中华人民共和国道路运输条例》第七十一条第一款 《道路货物运输及站场管理规定》第六十三条	下调罚款起罚数额	

17

续表

序号	罚款事项	实施部门	设定依据	处理决定	替代监管措施
32	对外国国籍道路运输经营者未标明国国籍识别标志行为的罚款	交通运输部门	《中华人民共和国道路运输条例》第七十五条第一款 《国际道路运输管理规定》第四十三条第（五）项	下调罚款数额	
33	对违反《中华人民共和国国际海运条例》拒绝调查机关及其工作人员依法实施调查，或者隐匿、谎报有关情况和资料行为中轻微行为的罚款	交通运输部门	《中华人民共和国国际海运条例》第四十三条	下调罚款数额	
34	对从事水路运输经营的船舶携带船舶营运证件行为的罚款	交通运输部门	《国内水路运输管理条例》第三十四条第二款	取消	通过信息化等手段进行查验和监管。
35	对伪造、变造或买卖内河船员适任证书行为中轻微行为的罚款	交通运输部门	《中华人民共和国船员条例》第四十九条	下调罚款数额	
36	对在船工作期间未携带规定的有效证件行为的罚款	交通运输部门	《中华人民共和国船员条例》第五十一条	取消	通过信息化等手段进行查验和监管。
37	对船长未保证船舶和船员携带符合法定要求的证书行为的罚款	交通运输部门	《中华人民共和国船员条例》第五十三条第（一）项	取消	通过信息化等手段进行检验和监管。

续表

序号	罚款事项	实施部门	设定依据	处理决定	替代监管措施
38	对内河交通运输船员用人单位、船舶所有人招用未依照规定取得相应有效证件的人员上船工作行为的罚款	交通运输部门	《中华人民共和国船员条例》第五十五条第（一）项	下调罚款数额	
39	对内河交通运输中伪造船舶检验证书行为的罚款	交通运输部门	《中华人民共和国船舶检验条例》第二十七条	区分违法情形，调整罚款数额的计算方式	
40	对取得道路普通货物运输经营许可的经营者使用无道路运输证的车辆参加货物运输行为的罚款	交通运输部门	《道路货物运输及站场管理规定》第五十九条第一款	下调罚款数额	
41	对未取得相应从业资格证件驾驶道路普通货物运输车辆等行为的罚款	交通运输部门	《道路运输从业人员管理规定》第四十五条	下调罚款数额	
42	对客运经营者等不按规定使用道路运输专用票证等行为的罚款	交通运输部门	《道路旅客运输及客运站管理规定》第九十八条	取消	通过"双随机、一公开"等方式进行事中事后监管，督促相关主体及时改正。
43	对非法转让、出租国际道路运输国籍识别标志等业务证件行为的罚款	交通运输部门	《国际道路运输管理规定》第三十九条	下调罚款数额	

续表

序号	罚款事项	实施部门	设定依据	处理决定	替代监管措施
44	对国际道路运输经营者的运输车辆不按照规定标明相关标志、携带相关证件行为的罚款	交通运输部门	《国际道路运输管理规定》第四十条	取消	通过信息化等手段进行检验和监管。
45	对未建立档案运输车辆档案或者档案不符合规定，未做好车辆维护记录行为的罚款	交通运输部门	《道路运输车辆技术管理规定》第三十一条（四）、(五)项	取消	通过"双随机、一公开"等方式进行事中事后监管，督促相关主体及时改正。
46	对游艇操作人员操作游艇时未携带合格的适任证书行为的罚款	交通运输部门	《游艇安全管理规定》第三十八条	取消	通过信息化等手段进行查验和监管。
47	对未按照规定随船携带或者保存船舶现场监督报告、船旗国监督检查报告、港口国监督检查报告行为的罚款	交通运输部门	《中华人民共和国船舶安全监督规则》第五十四条	取消	通过信息化等手段进行查验和监管。
48	对船舶进出沿海港口未按照规定向海事管理机构报告船舶进出港信息行为中轻微行为的罚款	交通运输部门	《中华人民共和国船舶安全监督规则》第五十五条第二款	下调罚款起罚数额	
49	对船舶在进出港口前未向海事管理机构报告等行为中轻微行为的罚款	交通运输部门	《海运固体散装货物安全监督管理规定》第三十六条	下调罚款起罚数额	

续表

序号	罚款事项	实施部门	设定依据	处理决定	替代监管措施
50	对船长违反船舶安全管理证书有关规定的罚款	交通运输部门	《中华人民共和国内河海事行政处罚规定》第六条	下调罚款数额	
51	对船舶未按规定保存相关记录簿行为的罚款	交通运输部门	《中华人民共和国防治船舶污染内河水域环境管理规定》第四十六条第（二）项	下调罚款数额	
52	对未取得网络预约出租汽车运输证、网络预约出租汽车驾驶员证，擅自从事相关网络预约车经营活动等行为的罚款	交通运输部门	《网络预约出租汽车经营服务管理暂行办法》第三十四条	下调罚款数额	
53	对未按照规定携带网络预约出租汽车运输证、网络预约出租汽车驾驶员证行为的罚款	交通运输部门	《网络预约出租汽车经营服务管理暂行办法》第三十六条第一款第（一）项	取消	通过信息化等手段进行查验和监管。

21

国务院部门规章

海关总署关于废止部分规章的决定

(2022年3月1日海关总署令第257号公布 自公布之日起施行 国司备字[2022006551])

根据工作实际,现决定废止1987年6月1日海关总署、原国家经济委员会、原对外经济贸易部〔1987〕署税字448号文发布的《国家限制进口机电产品进口零件、部件构成整机主要特征的确定原则和审批、征税的试行规定》,2002年4月19日原国家质检总局令第18号公布、根据2018年4月28日海关总署令第238号、2018年5月29日海关总署令第240号修改的《进口涂料检验监督管理办法》,1984年5月8日海关总署〔1984〕署行字第285号文发布的《中华人民共和国海关对进口遗物的管理规定》,1985年2月15日海关总署〔1985〕署行字第93号文发布、根据监二(一)字〔1989〕167号文修改的《中华人民共和国海关对旅客携运和个人邮寄文物出口的管理规定》,1990年6月26日海关总署令第12号发布的《中华人民共和国海关对旅客携带和个人邮寄中药材、中成药出境的管理规定》。

本决定自公布之日起生效。

中国证券监督管理委员会关于修改《内地与香港股票市场交易互联互通机制若干规定》的决定

(2022年6月10日中国证券监督管理委员会令第200号公布 自2022年7月25日起施行 国司备字[2022006693])

一、第十三条第一款修改为："投资者依法享有通过内地与香港股票市场交易互联互通机制买入的股票的权益。沪股通和深股通投资者不包括内地投资者。"

本决定自2022年7月25日起施行。

《内地与香港股票市场交易互联互通机制若干规定》根据本决定作相应修改，重新公布。

二、本决定施行前已开通沪股通、深股通交易权限的内地投资者在2023年7月23日前可继续通过沪股通、深股通买卖A股。2023年7月24日后，上述投资者所持A股可继续卖出。

内地与香港股票市场交易互联互通机制若干规定

(2016年9月29日中国证券监督管理委员会第11次主席办公会议审议通过 根据2022年6月10日中国证券监督管理委员会《关于修改〈内地与香港股票市场交易互联互通机制若干规定〉的决定》修订)

第一条 为了规范内地与香港股票市场交易互联互通机制相

关活动,保护投资者合法权益,维护证券市场秩序,根据《证券法》和其他相关法律、行政法规,制定本规定。

第二条 本规定所称内地与香港股票市场交易互联互通机制,是指上海证券交易所、深圳证券交易所分别和香港联合交易所有限公司(以下简称香港联合交易所)建立技术连接,使内地和香港投资者可以通过当地证券公司或经纪商买卖规定范围内的对方交易所上市的股票。内地与香港股票市场交易互联互通机制包括沪港股票市场交易互联互通机制(以下简称沪港通)和深港股票市场交易互联互通机制(以下简称深港通)。

沪港通包括沪股通和沪港通下的港股通。沪股通,是指投资者委托香港经纪商,经由香港联合交易所在上海设立的证券交易服务公司,向上海证券交易所进行申报(买卖盘传递),买卖沪港通规定范围内的上海证券交易所上市的股票。沪港通下的港股通,是指投资者委托内地证券公司,经由上海证券交易所在香港设立的证券交易服务公司,向香港联合交易所进行申报(买卖盘传递),买卖沪港通规定范围内的香港联合交易所上市的股票。

深港通包括深股通和深港通下的港股通。深股通,是指投资者委托香港经纪商,经由香港联合交易所在深圳设立的证券交易服务公司,向深圳证券交易所进行申报(买卖盘传递),买卖深港通规定范围内的深圳证券交易所上市的股票。深港通下的港股通,是指投资者委托内地证券公司,经由深圳证券交易所在香港设立的证券交易服务公司,向香港联合交易所进行申报(买卖盘传递),买卖深港通规定范围内的香港联合交易所上市的股票。

沪港通下的港股通和深港通下的港股通统称港股通。

第三条 内地与香港股票市场交易互联互通机制遵循两地市场现行的交易结算法律法规。

相关交易结算活动遵守交易结算发生地的监管规定及业务规则,上市公司遵守上市地的监管规定及业务规则,证券公司或经纪商遵守所在地的监管规定及业务规则,投资者遵守其委托的证券公司或经纪商所在地的投资者适当性监管规定及业务规则,本规定另有规定的除外。

第四条 中国证券监督管理委员会(以下简称中国证监会)对内地与香港股票市场交易互联互通机制相关业务进行监督管理,并通过监管合作安排与香港证券及期货事务监察委员会和其他有关国家或地区的证券监督管理机构,按照公平、公正、对等的原则,维护投资者跨境投资的合法权益。

第五条 上海证券交易所、深圳证券交易所和香港联合交易所开展内地与香港股票市场交易互联互通机制相关业务,应当履行下列职责:

(一)提供必要的场所和设施;

(二)上海证券交易所、深圳证券交易所分别在香港设立证券交易服务公司,香港联合交易所分别在上海和深圳设立证券交易服务公司;对证券交易服务公司业务活动进行管理,督促并协助其履行本规定所赋予的职责;

(三)制定相关业务规则,对市场主体的相关交易及其他活动进行自律管理,并开展跨市场监管合作;

(四)制定证券交易服务公司开展相关业务的技术标准;

(五)对相关交易进行实时监控,并建立相应的信息交换制度和联合监控制度,共同监控跨境的不正当交易行为,防范市场风险;

(六)管理和发布相关市场信息;

(七)中国证监会规定的其他职责。

上海证券交易所、深圳证券交易所应当按照有关监管要求,分别制定港股通投资者适当性管理的具体标准和实施指引,并报中国证监会备案。

上海证券交易所、深圳证券交易所应当制定相关业务规则,要求香港联合交易所及其证券交易服务公司提供有关交易申报涉及的投资者信息。

第六条 证券交易服务公司应当按照证券交易所的相关业务规则或通过证券交易所的相关业务安排履行下列职责：

(一)上海证券交易所证券交易服务公司提供沪港通下的港股通相关服务,深圳证券交易所证券交易服务公司提供深港通下的港股通相关服务;香港联合交易所在上海设立的证券交易服务公司提供沪股通相关服务;香港联合交易所在深圳设立的证券交易服务公司提供深股通相关服务;

(二)提供必要的设施和技术服务;

(三)履行沪股通、深股通或港股通额度管理相关职责;

(四)制定沪股通、深股通或港股通业务的操作流程和风险控制措施,加强内部控制,防范风险;

(五)上海证券交易所、深圳证券交易所设立的证券交易服务公司应当分别制定内地证券公司开展港股通业务的技术标准,并对拟开展业务公司的技术系统进行测试评估;香港联合交易所在上海和深圳设立的证券交易服务公司应当分别制定香港经纪商开展沪股通、深股通业务的技术标准,并对拟开展业务公司的技术系统进行测试评估;

(六)为证券公司或经纪商提供技术服务,并对其接入沪股通、深股通或港股通的技术系统运行情况进行监控;

(七)中国证监会规定的其他职责。

第七条 中国证券登记结算有限责任公司(以下简称中国证券登记结算公司)、香港中央结算有限公司(以下简称香港中央结算公司)开展内地与香港股票市场交易互联互通机制相关业务,应当履行下列职责：

(一)提供必要的场所和设施;

(二)提供登记、存管、结算服务;

(三)制定相关业务规则;

(四)依法提供名义持有人服务;

(五)对登记结算参与机构的相关活动进行自律管理;

(六)中国证监会规定的其他职责。

第八条 内地证券公司开展港股通业务,应当遵守法律、行政法规、本规定、中国证监会其他规定及相关业务规则的要求,加强内部控制,防范和控制风险,并根据中国证监会及上海证券交易所、深圳证券交易所投资者适当性管理有关规定,制定相应的实施方案,切实维护客户权益。

第九条 因交易异常情况严重影响内地与香港股票市场交易互联互通机制部分或全部交易正常进行的,上海证券交易所、深圳证券交易所和香港联合交易所可以按照业务规则和合同约定,暂停部分或者全部相关业务活动并予以公告。

第十条 上海证券交易所、深圳证券交易所和香港联合交易所开展内地与香港股票市场交易互联互通机制相关业务,限于规定范围内的股票交易业务和中国证监会认可的其他业务。

第十一条 证券交易服务公司和证券公司或经纪商不得自行撮合投资者通过内地与香港股票市场交易互联互通机制买卖股票的订单成交,不得以其他任何形式在证券交易所以外的场所对通过内地与香港股票市场交易互联互通机制买卖的股票提供转让服务,中国证监会另有规定的除外。

第十二条 境外投资者的境内股票投资,应当遵循下列持股比例限制:

(一)单个境外投资者对单个上市公司的持股比例,不得超过该上市公司股份总数的10%;

(二)所有境外投资者对单个上市公司A股的持股比例总和,不得超过该上市公司股份总数的30%。

境外投资者依法对上市公司战略投资的,其战略投资的持股不受上述比例限制。

境内有关法律法规和其他有关监管规则对持股比例的最高限额有更严格规定的,从其规定。

第十三条 投资者依法享有通过内地与香港股票市场交易互

联互通机制买入的股票的权益。沪股通和深股通投资者不包括内地投资者。

投资者通过港股通买入的股票应当记录在中国证券登记结算公司在香港中央结算公司开立的证券账户。中国证券登记结算公司应当以自己的名义,通过香港中央结算公司行使对该股票发行人的权利。中国证券登记结算公司行使对该股票发行人的权利,应当通过内地证券公司、托管银行等机构事先征求投资者的意见,并按照其意见办理。

中国证券登记结算公司出具的股票持有记录,是港股通投资者享有该股票权益的合法证明。投资者不能要求提取纸面股票,中国证监会另有规定的除外。

投资者通过沪股通、深股通买入的股票应当登记在香港中央结算公司名下。投资者通过沪股通、深股通买卖股票达到信息披露要求的,应当依法履行报告和信息披露义务。

第十四条 对于通过港股通达成的交易,由中国证券登记结算公司承担股票和资金的清算交收责任。对于通过沪股通、深股通达成的交易,由香港中央结算公司承担股票和资金的清算交收责任。

中国证券登记结算公司及香港中央结算公司,应当按照两地市场结算风险相对隔离、互不传递的原则,互不参加对方市场互保性质的风险基金安排;其他相关风险管理安排应当遵守交易结算发生地的交易结算风险管理有关规定。

第十五条 投资者通过内地与香港股票市场交易互联互通机制买卖股票,应当以人民币与证券公司或经纪商进行交收。使用其他币种进行交收的,以中国人民银行规定为准。

第十六条 对违反法律法规、本规定以及中国证监会其他有关规定的,中国证监会依法采取监督管理措施;依法应予行政处罚的,依照《证券法》《行政处罚法》等法律法规进行处罚;涉嫌犯罪的,依法移送司法机关,追究刑事责任。

中国证监会与香港证券及期货事务监察委员会和其他有关国家或地区的证券监督管理机构,通过跨境监管合作机制,依法查处内地与香港股票市场交易互联互通机制相关跨境违法违规活动。

第十七条 上海证券交易所、深圳证券交易所和中国证券登记结算公司依照本规定的有关要求,分别制定内地与香港股票市场交易互联互通机制相关业务规则,报中国证监会批准后实施。

第十八条 证券交易所、证券交易服务公司及结算机构应当妥善保存履行本规定所规定的职责形成的各类文件、资料,保存期限不少于20年。

第十九条 本规定自公布之日起施行。《沪港股票市场交易互联互通机制试点若干规定》(证监会令第101号)同时废止。

交通运输部关于修改《运输机场使用许可规定》的决定

(2022年6月12日交通运输部令2022年第17号公布 自2022年10月1日起施行 国司备字[2022006556])

交通运输部决定对《运输机场使用许可规定》(交通运输部令2018年第14号公布,交通运输部令2019年第25号修改)作如下修改:

一、第五条增加一项,作为第二项:"(二)受民航局委托实施机场使用手册审查工作"。

二、将第十二条第二款修改为:"民航局或者民航地区管理局颁发机场使用许可证后,应当将许可申请、审查和批准等文件资料存档。"

三、第十三条增加一款,作为第三款:"民航局或者民航地区管理局作出不予颁发机场使用许可证的书面决定后,应当将书面决定等文件资料存档。"

四、将第十五条第六项修改为:"(六)跑道运行类别"。

增加一项,作为第七项:"(七)跑道运行模式"。

五、删去第二十二条。

六、将第三十二条改为第三十一条,修改为:"机场管理机构应当将修改后的手册及时报所在地民航地区管理局进行审查。

"手册单章的全面修改或者章节中相对独立内容的修改,民航地区管理局应当在10个工作日内完成审查工作;手册的整体修改,民航地区管理局应当在20个工作日内完成审查工作,出具审查意见。

"手册经审查合格后,负责审查的监察员应当在相应的手册修改记录页(含修改页)或者审查记录页上签字"。

七、将第四十四条改为第四十三条,增加一款,作为第二款:"对于适用性检查或者机场运行中发现的问题,机场管理机构应当按照规定开展航空研究或者安全风险评估。"

八、将第四十五条改为第四十四条,修改为:"民航地区管理局应当制定年度适用性检查计划,明确检查的内容、频次、检查方式等,并按计划严格落实检查任务。

"民航地区管理局应当按照民航局要求或者根据本辖区机场运行安全形势,开展专项检查(临时性检查)。"

九、将第五十七条改为第五十六条,第三项修改为:"(三)违反本规定第三十一条,未将修改后的手册报所在地民航地区管理局进行审查的"。

十、将附件1《运输机场使用许可申请书》中的序号由阿拉伯数字修改为汉字;"申请运输机场使用许可证的类别"修改为"申请类别";删去"机场场址简况""机场管理机构简况"中的"邮编";"跑道运行类别、模式"修改为"跑道运行类别"和"跑道运行模式";"机场管理机构法定代表人声明"修改为"法定代表人声明",增加

"请法定代表人抄录以下内容并签字"。

十一、将附件2《机场使用许可证样式》中的"跑道运行类别、模式"修改为"跑道运行类别"和"跑道运行模式";新增载明事项"机场地理位置"。

十二、删去附件3《机场使用手册主要内容》。

本决定自2022年10月1日起施行。

《运输机场使用许可规定》根据本决定作相应修改并对条文序号作相应调整,重新公布。

运输机场使用许可规定

(2018年8月31日交通运输部公布 根据2019年10月21日交通运输部《关于修改〈运输机场使用许可规定〉的决定》第一次修订 根据2022年6月12日交通运输部《关于修改〈运输机场使用许可规定〉的决定》第二次修订)

第一章 总 则

第一条 为了规范运输机场使用许可工作,保障运输机场安全、正常运行,根据《中华人民共和国民用航空法》、《中华人民共和国安全生产法》、《中华人民共和国行政许可法》、《民用机场管理条例》和其他有关法律、行政法规,制定本规定。

第二条 本规定适用于运输机场(含军民合用机场民用部分,以下简称机场)的使用许可及其相关活动管理。

第三条 机场实行使用许可制度。机场管理机构取得机场使用许可证后,机场方可开放使用。

机场管理机构是指依法组建的或者受委托的负责机场安全和运营管理的具有法人资格的机构。

机场管理机构应当按照机场使用许可证规定的范围使用机场。

机场使用许可证在未被吊销、撤销、注销等情况下,持续有效。

第四条 中国民用航空局(以下简称民航局)负责对全国范围内的机场使用许可及其相关活动实施统一监督管理;负责飞行区指标为4F的机场使用许可审批工作。

第五条 民航地区管理局负责对所辖区域内的机场使用许可及其相关活动实施监督管理。包括:

(一)受民航局委托实施辖区内飞行区指标为4E(含)以下的机场使用许可审批工作;

(二)受民航局委托实施机场使用手册审查工作;

(三)监督检查本辖区内机场使用许可的执行情况;

(四)组织对辖区内取得使用许可证的机场进行年度适用性检查和每5年一次的符合性评价;

(五)法律、行政法规规定的以及民航局授权的其他职责。

第六条 机场使用许可管理应当遵循安全第一、条件完备、审核严格、程序规范的原则。

第二章 机场使用许可

第一节 申 请

第七条 机场使用许可证应当由机场管理机构按照本规定向民航局或者受民航局委托的机场所在地民航地区管理局申请。

第八条 申请机场使用许可证的机场应当具备下列条件:

(一)有健全的安全运营管理体系、组织机构和管理制度;

(二)机场管理机构的主要负责人、分管运行安全的负责人以及其他需要承担安全管理职责的高级管理人员具备与其运营业务相适应的资质和条件;

（三）有符合规定的与其运营业务相适应的飞行区、航站区、工作区以及运营、服务设施、设备及人员；

（四）有符合规定的能够保障飞行安全的空中交通服务、航空情报、通信导航监视、航空气象等设施、设备及人员；

（五）使用空域已经批准；

（六）飞行程序和运行标准符合民航局的规定；

（七）有符合规定的安全保卫设施、设备、人员及民用航空安全保卫方案；

（八）有符合规定的机场突发事件应急救援预案、应急救援设施、设备及人员；

（九）机场名称已在民航局备案。

第九条 申请机场使用许可证，应当报送下列文件资料：

（一）《运输机场使用许可证申请书》（附件1）。

（二）机场使用手册（以下简称手册）。

（三）机场管理机构的主要负责人、分管运行安全的负责人以及其他需承担安全管理职责的高级管理人员的资质证明，与机场运行安全有关的人员情况一览表。

（四）机场建设的批准文件和行业验收的有关文件；机场产权和委托管理的证明文件。

（五）通信导航监视、气象等设施设备开放使用的批准或者备案文件。

（六）符合要求的机场使用细则、飞行程序、机场运行最低标准的材料。

（七）符合要求的民用航空安全保卫方案和人员配备、设施设备配备清单。

（八）机场突发事件应急救援预案。

（九）机场名称在民航局的备案文件。

（十）民航局、民航地区管理局要求报送的其他必要材料。

机场管理机构应当对申请机场使用许可证文件资料的真实性

负责。

第十条 申请材料不齐全或者不符合法定形式的,民航地区管理局应当当场或者在5个工作日内一次告知机场管理机构需要补正的全部内容,逾期不告知的,自收到申请材料之日起即为受理。

第二节 核 发

第十一条 民航局或者民航地区管理局收到符合要求的机场使用许可申请文件资料后,应当按照下列要求进行审查:
(一)对文件资料的真实性、完整性进行审核;
(二)对手册的格式以及内容与规章、标准的符合性进行审查;
(三)对机场设施、设备、人员及管理制度与所报文件材料的一致性进行现场检查复核。

负责前款事项的人员由民航局或者民航地区管理局指派或者监察员担任,但只有监察员有权在相应的文件上签字。

第十二条 民航局或者民航地区管理局经过审查,认为机场管理机构的申请符合本规定第八条、第九条要求的,应当在受理申请后的45个工作日内以民航局的名义作出批准决定,并自作出批准决定之日起10个工作日内将批准文件、机场使用许可证以及手册一并交与机场管理机构。

民航局或者民航地区管理局颁发机场使用许可证后,应当将许可申请、审查和批准等文件资料存档。

第十三条 民航局或者民航地区管理局经过审查,认为机场管理机构报送的文件资料或者实际情况不完全具备本规定第八条、第九条要求的,应当书面通知机场管理机构并说明理由。

在机场管理机构采取相应措施弥补前款提及的缺陷后,仍不能满足要求的,民航局或者民航地区管理局应当以民航局的名义作出不予颁发机场使用许可证的书面决定。

民航局或者民航地区管理局作出不予颁发机场使用许可证的

书面决定后,应当将书面决定等文件资料存档。

第十四条 民航局统一印制机场使用许可证(附件2),并对许可证编号实施统一管理。

第三节 变 更

第十五条 机场使用许可证载明的下列事项发生变化的,机场管理机构应当按照本规定申请变更:

(一)机场名称;

(二)机场管理机构;

(三)机场管理机构法定代表人;

(四)机场飞行区指标;

(五)机场目视助航条件;

(六)跑道运行类别;

(七)跑道运行模式;

(八)机场可使用最大机型;

(九)跑道道面等级号;

(十)机场消防救援等级;

(十一)机场应急救护等级。

第十六条 申请变更机场使用许可证的,机场管理机构可以仅报送机场使用许可证申请资料的变化部分。

第四节 注 销

第十七条 有下列情况之一的,民航局或者民航地区管理局应当依法办理机场使用许可证的注销手续:

(一)机场关闭后,不再具备安全生产条件,被撤销机场使用许可的;

(二)决定机场关闭不再运营的;

(三)机场管理机构依法终止的;

(四)因不可抗力导致机场使用许可无法实施的;

(五)法律、行政法规规定的应当注销行政许可的其他情形。

第十八条 机场管理机构决定机场关闭不再运营的,应当于机场预期关闭前至少 45 日向民航局或者所在地民航地区管理局提出关闭申请,经民航局或者民航地区管理局批准后方可关闭,并向社会公告。民航局或者民航地区管理局应当自受理机场管理机构申请之日起 20 个工作日内予以答复,并在预期的机场关闭日期注销该机场使用许可证。机场管理机构应当在机场许可证注销后的 5 个工作日内,将原证交回颁证机关。

第十九条 机场管理机构应当按照相关规定将机场关闭信息通知航行情报服务机构发布航行通告并向社会公告,并自关闭之日起,撤掉识别机场的标志、风向标等,设置跑道、滑行道关闭标志。

第二十条 有下列情形之一的,机场管理机构应当于机场预期关闭前至少 45 日报民航局或者所在地民航地区管理局审批,民航局或者民航地区管理局应当在 5 个工作日内予以答复,但机场使用许可证不予注销:

(一)机场因改扩建在 1 年以内暂不接受航空器起降的;

(二)航空业务量不足,暂停机场运营 1 年以内的。

机场管理机构应当根据民航局或者民航地区管理局的答复,及时通知有关的空中交通管理单位或者航行情报服务机构发布航行通告并向社会公告。在批准的关闭日期,撤掉识别机场的标志、风向标等,设置跑道、滑行道关闭标志。

机场恢复开放使用时,机场管理机构应当报民航局或者所在地民航地区管理局批准。

第三章 机场使用手册

第一节 编制与生效

第二十一条 手册是机场运行的基本依据,机场管理机构应当严格按照生效的手册运行和管理机场。

第二十二条　手册应当由机场管理机构依据法律法规、涉及民航管理的规章和标准组织编制。手册编制时应当广泛征求使用者的意见，确保手册具有可操作性、实用性，满足机场运行安全管理工作需要。

相关驻场单位应当积极配合机场管理机构完成手册编制。

第二十三条　手册应当采用活页格式，预留手册修改记录空白页和机场使用许可证变更记录页，编排形式便于编写、审查。

第二十四条　编制完成的手册由机场管理机构按照本规定第九条，在申请机场使用许可证时报送民航局或者所在地民航地区管理局。经审查合格的，在民航局或者民航地区管理局发放机场使用许可证以及手册时一并生效。

第二节　发放与使用

第二十五条　机场管理机构应当将生效的手册的相关章节发放给在本场运行的航空运输企业及其他运行保障单位。

第二十六条　机场管理机构、在本场运行的航空运输企业及其他运行保障单位应当将手册的相关章节印发给相关部门及岗位人员，就手册内容对员工进行培训和考核，确保员工熟知并严格遵守。

第二十七条　机场管理机构、在本场运行的航空运输企业及其他运行保障单位应当根据本单位各部门的工作职责和岗位的实际分工，制定相应部门、岗位的手册实施细则。手册实施细则应当涵盖手册中与该部门、岗位职责相关的内容，并不得与手册相冲突。

第三节　动态管理

第二十八条　机场管理机构应当建立手册的动态管理制度，使手册符合有关法律法规、涉及民航管理的规章和标准，以及机场实际运行情况,确保手册的持续有效。

第二十九条　机场管理机构应当至少每年组织相关驻场单位对手册的完整性、适用性、有效性等进行一次评估和完善。

第三十条　有下列情形之一的,机场管理机构应当及时组织修改手册:

(一)手册不符合有关法律法规、涉及民航管理的规章、标准等的;

(二)机场组织机构、管理制度、基础设施、保障设备等发生变化的;

(三)手册执行过程中,发现规定内容难以客观反映运行安全管理要求,不利于保障机场安全运行的;

(四)手册年度评估中发现存在问题的;

(五)民航局或者民航地区管理局要求修改的。

第三十一条　机场管理机构应当将修改后的手册及时报所在地民航地区管理局进行审查。

手册单章的全面修改或者章节中相对独立内容的修改,民航地区管理局应当在10个工作日内完成审查工作;手册的整体修改,民航地区管理局应当在20个工作日内完成审查工作,出具审查意见。

手册经审查合格后,负责审查的监察员应当在相应的手册修改记录页(含修改页)或者审查记录页上签字。

第三十二条　机场管理机构应当根据审查意见,对手册进行修改完善。

第三十三条　机场管理机构应当将审查修改完成的手册在生效日期的5个工作日前印发至使用手册的相关单位。

第三十四条　机场管理机构应当为民航局、所在地民航地区管理局各提供一套,并至少保存一套现行完整的手册。

第四章　机场名称管理

第三十五条　机场名称是体现航空运输始发、经停、到达的重要标识,其命名、更名和使用应当遵循本规定和国家有关规定。

第三十六条　机场的命名应当以确定机场具体位置并区别于其他机场为准则。

第三十七条　机场名称一般由行政区划名,后缀机场专名组成。

机场行政区划名应当与所在地行政区划名称相一致。跨地区的机场,机场行政区划名应当使用所跨行政区的地方政府协商确定的名称。

机场专名通常使用机场所在地县、区、旗、乡、镇名称,并不得与其他机场的行政区划名、专名重名,同时避免使用同音字和生僻字。

按照国家译名管理相关规定,规范拼写机场英文译名。

第三十八条　机场的更名应当遵循下列要求:

(一)机场所在地更名的,应当变更机场行政区划名;

(二)有机场所在地经济发展需要、与当地人民群众风俗习惯相冲突、现有名称的谐音容易产生歧义等情况的,可以变更机场专名;

(三)作为国际机场使用的机场,需在机场名称内增加"国际"二字;

(四)变更后的名称应当符合本规定第三十七条的要求。

第三十九条　机场的命名或者更名,应当按照《地名管理条例》及相关规定的要求进行,并报民航局备案。

第四十条　机场名称备案时,应当向民航局报送下列文件:

(一)机场管理机构关于机场命名或者更名的申请文件;

(二)机场所在地人民政府的审核意见;

(三)军队产权的军民合用机场民用部分,附相关军队机关的意见;

(四)机场名称内需增加"国际"二字的,附第四十一条要求的相关文件。

第四十一条 在机场名称中增加"国际"二字的,备案时应当向民航局报送下列文件:

(一)国务院批准设立航空口岸的批复;

(二)联检设施经国家口岸管理办公室验收合格的证明文件;

(三)国家有关部门批准对外籍飞机开放的证明文件。

第四十二条 机场管理机构应当在机场入口和航站楼显著位置设置机场名称标志。

一个城市只有一个机场的,机场管理机构可以在航站楼屋面上只设置机场行政区划名;一个城市有多个机场的,机场管理机构应当在航站楼屋面上同时设置行政区划名和专名。

国际机场还应当标示符合规范的机场英文名称。

第五章 监督管理

第四十三条 民航地区管理局应当对辖区内已取得使用许可证的机场进行年度适用性检查和符合性评价,监督检查机场使用许可的执行情况和许可条件的符合性;发现存在问题的,督促机场管理机构整改。

对于适用性检查或者机场运行中发现的问题,机场管理机构应当按照规定开展航空研究或者安全风险评估。

适用性检查与符合性评价的形式包括文件审核与现场检查。

第四十四条 民航地区管理局应当制定年度适用性检查计划,明确检查的内容、频次、检查方式等,并按计划严格落实检查任务。

民航地区管理局应当按照民航局要求或者根据本辖区机场运

行安全形势,开展专项检查(临时性检查)。

第四十五条 民航地区管理局对已取得使用许可证的机场进行符合性评价后,应当向机场管理机构出具符合性评价意见,并报民航局备案。

第四十六条 机场管理机构及相关驻场单位应当配合所在地民航地区管理局对机场使用许可的监督管理,及时整改监督检查中发现的问题。

第四十七条 对机场管理机构的适用性检查、符合性评价、行政处罚、行政强制等处理措施及其执行情况记入民航行业信用信息记录,并按照有关规定进行公示。

第六章 法律责任

第四十八条 机场管理机构违反本规定第三条,未取得机场使用许可证或者机场使用许可证被吊销、撤销、注销而开放使用机场的,由民航局或者受民航局委托的民航地区管理局责令停止开放使用;没收违法所得,可以并处违法所得1倍以下的罚款。

第四十九条 机场管理机构未按照机场使用许可证规定的范围使用机场的,由民航地区管理局责令改正,处20万元以上50万元以下的罚款;造成严重后果的,处50万元以上100万元以下的罚款。

第五十条 机场管理机构违反本规定第九条,提供虚假材料申请机场使用许可的,由民航局或者民航地区管理局给予警告。

第五十一条 机场管理机构违反本规定第十五条,应当变更机场使用许可证而未申请变更的,由民航局或者民航地区管理局给予警告,可以并处1万元以上3万元以下的罚款。

第五十二条 机场管理机构未经批准擅自关闭机场的,由民航地区管理局责令改正,处10万元以上20万元以下的罚款;情节严重的,处20万元以上50万元以下的罚款。

第五十三条　机场管理机构违反本规定第十八条、第二十条关于申请时间的要求,未在预期关闭前45日向民航局或者民航地区管理局提出关闭申请的,由民航局或者民航地区管理局给予警告;情节严重的,处1万元以上3万元以下的罚款。

第五十四条　机场管理机构违反本规定第十九条、第二十条第二款,未按规定程序关闭的,由民航地区管理局责令立即改正,处2万元以上3万元以下的罚款;其中违反《民用机场管理条例》第二十一条规定的,按照《民用机场管理条例》第六十六条的规定予以处罚。

第五十五条　机场管理机构违反本规定第二十条第三款,未经民航地区管理局批准,即恢复开放使用机场的,由民航地区管理局责令停止开放使用,按照本规定第四十八条的规定予以处罚。

第五十六条　机场管理机构有下列行为之一的,由民航地区管理局给予警告,可以并处1万元以上3万元以下的罚款:

(一)违反本规定第二十五条、第三十三条有关发放手册要求的;

(二)违反本规定第二十八条、第二十九条、第三十条,未对手册进行动态管理的;

(三)违反本规定第三十一条,未将修改后的手册报所在地民航地区管理局进行审查的;

(四)违反本规定第三十二条,未根据审查意见对手册进行修改完善的;

(五)未按照本规定第三十四条要求提供、保存手册的。

第五十七条　相关驻场单位违反本规定第二十二条,不配合机场管理机构编制手册的,由民航地区管理局责令改正;拒不改正的,处1万元以上3万元以下的罚款。

第五十八条　机场管理机构、在本场运行的航空运输企业及其他运行保障单位违反本规定第二十六条、第二十七条,造成手册不能有效实施的,由民航地区管理局给予警告,可以并处1万元以上3万元以下的罚款。

第五十九条 机场管理机构违反本规定第四十六条,对民航地区管理局在监督检查中发现的不符合安全运营要求的问题拒不改正,或者经改正仍不符合安全运营要求的,由民航局或者民航地区管理局作出机场限制使用的决定;情节严重的,吊销机场使用许可证。

第七章 附 则

第六十条 本规定自2019年1月1日起施行。原民航总局于2005年10月7日公布的《民用机场使用许可规定》(民航总局令第156号)同时废止。

附件1

运输机场使用许可证申请书

一、申请类别

```
首次取证  □              变更  □
(请简述原因) ............................................................
............................................................................
............................................................................
```

二、机场场址简况

```
机场名称：..................................................................
机场基准点的地理坐标：......................................................
机场地址：..................................................................
相对于城市的方位和距离：....................................................
```

三、机场管理机构简况

```
机场管理机构名称：..........................................................
机场管理机构法定代表人：....................................................
机场管理机构地址：..........................................................
............................................................................
电话：............传真：............电子邮箱：............
```

四、运输机场使用许可证的主要内容

```
飞行区指标：
跑道道面等级号：
消防救援等级：                    应急救护等级：
可使用最大机型：
跑道运行类别：
跑道运行模式：
目视助航条件：
```

五、法定代表人声明

请法定代表人抄录以下内容并签字：
我声明,本申请书所有内容是真实的、可操作的。我全权负责本机场的运行安全并承诺将承担相应法律责任和法定义务。在此申请获得运输机场使用许可证。

………………………………………………………………………………………
………………………………………………………………………………………
………………………………………………………………………………………
………………………………………………………………………………………

机场管理机构法定代表人签名：
日期：

六、随附文件目录

一、
二、
三、
四、
五、
六、
七、
八、
九、
十、

日期：

填表须知

可能要求提供支持本申请书中任何事项的文件证明。

45

附件 2

标准航徽

运输机场使用许可证

机场名称：　　　　　　　　　　　使用许可证编号：
机场地理位置：　　　　　　　　　跑道道面等级号：
机场管理机构名称：　　　　　　　消防救援等级：
机场管理机构法定代表人：　　　　应急救护等级：
飞行区指标：
目视助航条件：
跑道运行类别：
跑道运行模式：
可使用最大机型：

本机场使用许可证根据《中华人民共和国民用航空法》《民用机场管理条例》以及《运输机场使用许可规定》颁发。
本机场管理机构应当遵守相关法律、法规中关于机场开放使用于机场开放使用条款及生效的《机场使用手册》。否则，国务院民用航空主管部门有权责令该机场停止使用，没收违法所得，可以并处违法所得一倍以下的罚款。
本机场使用许可证不可转让，除被吊销、注销、撤销外，持续有效。

发证机关

年　月　日

标准航徽

运输机场使用许可证

（副本）

机 场 名 称：

使用许可证编号：

　　本机场使用许可证根据《中华人民共和国民用航空法》《民用机场管理条例》以及《运输机场使用许可规定》颁发。
　　机场管理机构应当遵守相关法律、法规中关于机场开放使用条款及生效的《机场使用手册》。否则，国务院民用航空主管部门有权责令该机场停止使用，没收违法所得，可以并处违法所得一倍以下的罚款。
　　本机场使用许可证不可转让，除被吊销、撤销、注销外，持续有效。

机场地理位置：

机场管理机构名称：

机场管理机构法定代表人：

飞行区指标：

目视助航条件：

跑道运行类别：

跑道运行模式：

可使用最大机型：

跑道道面等级号：

消防救援等级：

应急救护等级：

发证机关

年　月　日

运输机场使用许可证长420mm宽297mm，底色为白色。

附件3

机场使用许可证编号规则

1. 机场使用许可证编号为14位。

2. 机场使用许可证编号模式为Y139△△△△◇○○○□□,其中Y表示运输机场,△△△△代表年份,◇为0、1、2、3、4、5、6、7,分别代表民航局、华北、华东、中南、西南、西北、东北和新疆管理局,○○○代表许可证发放次序,□□代表变更次数。

3. 变更机场使用许可证时,编号通常仅变更代表变更次数的最后两位数字。

交通运输部关于修改 《民用航空安全信息管理规定》 的决定

(2022年6月14日交通运输部令2022年第18号公布 自2022年10月1日起施行 国司备字[2022006568])

交通运输部决定对《民用航空安全信息管理规定》(交通运输部令2016年第8号)作如下修改：

一、将第二条中的"中国民用航空安全监督运行办公室"修改为"中国民用航空安全运行监督办公室"。

二、将第十一条修改为："局方和企事业单位应当指定满足下列条件的人员负责民用航空安全信息管理工作，且人员数量应当满足民用航空安全信息管理工作的需要：

"(一)参加民用航空安全信息管理人员培训，考核合格；

"(二)每两年参加一次安全信息管理人员复训，考核合格。"

三、将第十四条修改为："紧急事件按照以下规定报告：

"(一)紧急事件发生后，事发相关单位应当立即通过电话向事发地监管局报告事件信息；监管局在收到报告事件信息后，应当立即报告所属地区管理局；地区管理局在收到事件信息后，应当立即报告民航局民用航空安全信息主管部门。

"(二)紧急事件发生后，事发相关单位应当在事件发生后12小时内(事件发生在我国境内)或者24小时内(事件发生在我国境外)，按规范如实填报民用航空安全信息报告表，主报事发地监管局，抄报事发地地区管理局、所属地监管局及地区管理局。

"(三)当空管单位为事发相关单位时，事发地/所属地监管局和地区管理局为空管单位所在地的监管局和地区管理局。"

四、将第十五条修改为:"非紧急事件按照以下规定报告:

"(一)非紧急事件发生后,事发相关单位应当在事发后48小时内,按规范如实填报民用航空安全信息报告表,主报事发地监管局,抄报事发地地区管理局、所属地监管局及地区管理局;

"(二)本条规定不适用于外国航空公司。"

五、将第十八条中的"国务院安全生产主管部门"修改为"国务院应急管理部门"。

六、将第十九条修改为:"向国际民航组织和境外相关机构通报事件信息,按照以下规定执行:

"(一)事故发生后30日内,民航局民用航空安全信息主管部门向登记国、运营人所在国、设计国、制造国和提供信息、重要设备或者专家的国家以及国际民航组织发送初步报告;

"(二)事故和严重征候调查结束后,民航局民用航空安全信息主管部门应当尽早将事故和严重征候资料报告送交国际民航组织。"

七、将第三十条第二项中的"3日"修改为"5日"。

八、第三十二条增加一款,作为第二款:"企事业单位及其从业人员不得违反民用航空安全信息发布制度,擅自披露或者公开民用航空安全信息。"

九、将第三十八条中的"由局方给予警告,并责令限期改正,逾期不改正的,处3万元以下的罚款"修改为"由局方责令限期改正;逾期不改正的,处警告、通报批评或者3万元以下的罚款"。

第四项修改为:"(四)违反本规定第三十二条第一款,未建立民用航空安全信息分析和发布制度的"。

十、将第三十九条中的"由局方给予警告,或处1万元的罚款"修改为"由局方给予警告、通报批评或者处1万元的罚款"。

第二项修改为:"(二)违反本规定第十四条,未按规定报告紧急事件的"。

第三项修改为:"(三)违反本规定第十五条,未按规定报告非紧急事件的"。

增加一项,作为第九项:"(九)违反本规定第三十二条第二款,未遵守民用航空安全信息发布制度,擅自披露或者公开民用航空安全信息的"。

十一、第四十条增加一项,作为第四项:"(四)违反本规定第三十二条第二款,未遵守民用航空安全信息发布制度,擅自披露或者公开民用航空安全信息的"。

十二、将第四十二条中的"《民用航空器事故和飞行事故征候调查规定》"修改为"《民用航空器事件调查规定》";"《民用航空器事故征候》"修改为"《民用航空器征候等级划分办法》";"航空器地面事故征候"修改为"运输航空地面征候"。

第七项修改为:"(七)本规定所称所属地是指民航企事业单位注册所在地,注册所在地与主运行基地所在地不一致的,是指主运行基地所在地"。

十三、将条文中所有"事故征候"统一修改为"征候"。

本决定自2022年10月1日起施行。

《民用航空安全信息管理规定》根据本决定作相应修改并对条文序号作相应调整,重新公布。

民用航空安全信息管理规定

(2016年3月4日交通运输部公布 根据2022年6月14日交通运输部《关于修改〈民用航空安全信息管理规定〉的决定》修订)

第一章 总 则

第一条 为了规范民用航空安全信息收集、分析和应用,实现安全信息共享,推进安全管理体系建设,及时发现安全隐患,控制风险,预防民用航空事故,根据《中华人民共和国安全生产法》、《中华人民共和国民用航空法》等国家法律、行政法规,制定本规定。

第二条 本规定适用于中国民用航空局(以下简称民航局)、中国民用航空地区管理局(以下简称地区管理局)、中国民用航空安全监督管理局、中国民用航空安全运行监督办公室(以下统称监管局)、在中华人民共和国境内注册的民用航空企事业单位(以下简称企事业单位)及其从业人员的民用航空安全信息管理。

在中华人民共和国境内实施运行的外国公共航空运输承运人(以下简称外国航空公司)和个人的民用航空安全信息管理也应当遵守本规定。

第三条 本规定所称民用航空安全信息是指事件信息、安全监察信息和综合安全信息。

(一)事件信息,是指在民用航空器运行阶段或者机场活动区内发生航空器损伤、人员伤亡或者其他影响飞行安全的情况。主要包括:民用航空器事故(以下简称事故)、民用航空器征候(以下简称征候)以及民用航空器一般事件(以下简称一般事件)信息。

(二)安全监察信息,是指地区管理局和监管局各职能部门组织实施的监督检查和其他行政执法工作信息。

(三)综合安全信息,是指企事业单位安全管理和运行信息,包括企事业单位安全管理机构及其人员信息、飞行品质监控信息、安全隐患信息和飞行记录器信息等。

第四条 民用航空安全信息工作实行统一管理、分级负责的原则。

民航局民用航空安全信息主管部门负责统一监督管理全国民用航空安全信息工作,负责组织建立用于民用航空安全信息收集、分析和发布的中国民用航空安全信息系统。

地区管理局、监管局的民用航空安全信息主管部门负责监督管理本辖区民用航空安全信息工作。

第五条 企事业单位负责管理本单位民用航空安全信息工

作,制定包括自愿报告在内的民用航空安全信息管理程序,建立具备收集、分析和发布功能的民用航空安全信息机制。企事业单位的民用航空安全信息管理程序应当报所属地监管局备案。

第六条 民航局支持中国民用航空安全自愿报告系统建设,鼓励个人积极报告航空系统的安全缺陷和隐患。

第七条 民航局支持开展民用航空安全信息收集、分析和应用的技术研究,对在民用航空安全信息管理工作中做出突出贡献的单位和个人,给予表彰和奖励。

第八条 局方和企事业单位应当充分利用收集到的民用航空安全信息,评估安全状况和趋势,实现信息驱动的安全管理。民用航空安全信息量不作为评判一个单位安全状况的唯一标准。

第九条 地区管理局应当依据本规定,根据辖区实际情况,制定民用航空安全信息的管理办法,并报民航局民用航空安全信息主管部门批准。

第十条 事发相关单位和人员应当按照规定如实报告事件信息,不得隐瞒不报、谎报或者迟报。

第二章 人员和设备管理

第十一条 局方和企事业单位应当指定满足下列条件的人员负责民用航空安全信息管理工作,且人员数量应当满足民用航空安全信息管理工作的需要:

(一)参加民用航空安全信息管理人员培训,考核合格;

(二)每两年参加一次安全信息管理人员复训,考核合格。

第十二条 局方和企事业单位应当为民用航空安全信息管理人员配备工作必需设备,并保持设备正常运转。设备包括但不限于:便携式计算机、网络通讯设备、移动存储介质、传真机和录音笔等。

第三章　民用航空安全信息收集

第十三条　事件信息收集分为紧急事件报告和非紧急事件报告,实行分类管理。紧急事件报告样例和非紧急事件报告样例包含在事件样例中,事件样例由民航局另行制定。

第十四条　紧急事件按照以下规定报告:

(一)紧急事件发生后,事发相关单位应当立即通过电话向事发地监管局报告事件信息;监管局在收到报告事件信息后,应当立即报告所属地区管理局;地区管理局在收到事件信息后,应当立即报告民航局民用航空安全信息主管部门。

(二)紧急事件发生后,事发相关单位应当在事件发生后12小时内(事件发生在我国境内)或者24小时内(事件发生在我国境外),按规范如实填报民用航空安全信息报告表,主报事发地监管局,抄报事发地地区管理局、所属地监管局及地区管理局。

(三)当空管单位为事发相关单位时,事发地/所属地监管局和地区管理局为空管单位所在地的监管局和地区管理局。

第十五条　非紧急事件按照以下规定报告:

(一)非紧急事件发生后,事发相关单位应当在事发后48小时内,按规范如实填报民用航空安全信息报告表,主报事发地监管局,抄报事发地地区管理局、所属地监管局及地区管理局;

(二)本条规定不适用于外国航空公司。

第十六条　报告的事件信息按照以下程序处理:

(一)对已上报的事件,事发相关单位获得新的信息时,应当及时补充填报民用航空安全信息报告表,并配合局方对事件信息的调查核实。如事实简单,责任清楚,事发相关单位可直接申请结束此次事件报告。

(二)负责组织调查的地区管理局和监管局应当及时对事件信息进行审核,完成事件初步定性工作。

（三）对初步定性为事故的事件,负责组织调查的单位应当提交阶段性调查信息,说明事件调查进展情况,并应当在事件发生后12个月内上报事件的最终调查信息,申请结束此次事件报告。

（四）对初步定性为严重征候的事件,负责组织调查的地区管理局应当在事件发生后30日内上报事件的最终调查信息,申请结束此次事件报告。

（五）对初步定性为一般征候的事件,负责组织调查的地区管理局应当在事件发生后15日内上报事件的最终调查信息,申请结束此次事件报告。

（六）当事件初步定性为一般事件,事发相关单位应当在事件发生后10日内上报事件的最终调查信息,负责组织调查的地区管理局应当在事件发生后15日内完成最终调查信息的审核,并申请结束此次事件报告。

（七）在规定期限内不能完成初步定性或不能按规定时限提交最终调查信息,负责调查的单位应当向民航局民用航空安全信息主管部门申请延期报告,并按要求尽快上报事件的最终调查信息,申请结束此次事件报告。

第十七条　民用航空安全信息报告表应当使用中国民用航空安全信息系统上报。当该系统不可用时,可以使用传真等方式上报;当系统恢复后3日内,应当使用该系统补报。

第十八条　向国务院应急管理部门报告事件信息,按照国务院的有关规定执行。

第十九条　向国际民航组织和境外相关机构通报事件信息,按照以下规定执行:

（一）事故发生后30日内,民航局民用航空安全信息主管部门向登记国、运营人所在国、设计国、制造国和提供信息、重要设备或者专家的国家以及国际民航组织发送初步报告;

（二）事故和严重征候调查结束后,民航局民用航空安全信息主管部门应当尽早将事故和严重征候资料报告送交国际民航组织。

第二十条 各企事业单位和个人应当妥善保护与事故、征候、一般事件以及举报事件有关的所有文本、影音、数据以及其他资料。

第二十一条 组织事故、征候以及一般事件调查的单位负责对调查的文件、资料、证据等进行审核、整理和保存。

第二十二条 地区管理局和监管局各职能部门应当按照民航局的相关要求报告安全监察信息。

第二十三条 企事业单位应当按照所属地区管理局的相关要求报告综合安全信息。

第四章 自愿报告的民用航空安全信息处理

第二十四条 民航局支持第三方机构建立中国民用航空安全自愿报告系统,并委托第三方机构负责该系统的运行。

第二十五条 中国民用航空安全自愿报告系统运行的基本原则是自愿性、保密性和非处罚性。

第二十六条 任何人可以通过信件、传真、电子邮件、网上填报和电话的方式向中国民用航空安全自愿报告系统提交报告。

第二十七条 中国民用航空安全自愿报告系统收集的报告内容如下:

(一)涉及航空器不良的运行环境、设备设施缺陷的报告;

(二)涉及到执行标准、飞行程序困难的事件报告;

(三)除事故、征候和一般事件以外其他影响航空安全的事件报告。

第二十八条 中国民用航空安全自愿报告系统收到的报告,按以下步骤处理:

(一)接收到报告后,确定是否符合中国民用航空安全自愿报告系统收集的报告内容,通知报告人受理情况;

(二)核查报告内容,视情联系报告人补充信息;

（三）去除报告中涉及的识别信息，编写分析报告，提出安全建议；

（四）视情向相关单位提供信息，发布告警信息、信息简报和信息通告。

第五章 举报的民用航空安全信息处理

第二十九条 举报人的合法权益受法律保护。除法律、法规另有规定外，任何单位和个人不得将举报情况透露给其他单位和个人。

第三十条 举报的民用航空安全信息按照以下规定进行处理：

（一）地区管理局或监管局负责调查、处理涉及本辖区的举报的民用航空安全信息；

（二）在收到举报的民用航空安全信息 5 日内，应当向举报人反馈受理情况；

（三）举报的民用航空安全信息经调查构成事故、征候或一般事件的，负责调查的单位应当在调查结束后 3 日内，向民航局民用航空安全信息主管部门填报民用航空安全信息报告表。

第三十一条 举报的民用航空安全信息调查结束后 5 日内，受理单位应当向被举报单位和举报人反馈查处结果。

第六章 民用航空安全信息分析与应用

第三十二条 局方和企事业单位应当建立民用航空安全信息分析和发布制度，促进民用航空安全信息共享和应用。

企事业单位及其从业人员不得违反民用航空安全信息发布制度，擅自披露或者公开民用航空安全信息。

第三十三条 民航局通过分析民用航空安全信息，评估行业总体安全状况。地区管理局和监管局通过分析民用航空安全信息,评估辖区总体安全状况,明确阶段性安全监管重点。

第三十四条 企事业单位应当定期分析本单位民用航空安全信息,评估本单位安全状况和趋势,制定改进措施。

第三十五条 民用航空安全信息的发布应当以不影响信息报告的积极性为原则,并遵守国家和民航局的有关规定。

第三十六条 民航局负责发布全国范围的民用航空安全信息;地区管理局和监管局负责发布辖区的民用航空安全信息。

第三十七条 局方和企事业单位应当根据民用航空安全信息分析情况,开展安全警示、预警工作,适时发布航空安全文件。

第七章 法律责任

第三十八条 企事业单位有下列行为之一的,由局方责令限期改正;逾期不改正的,处警告、通报批评或者3万元以下的罚款:

(一)违反本规定第五条,未按要求制定民用航空安全信息程序和机制的;

(二)违反本规定第十一条,配备的民用航空安全信息管理人员不符合相关条件的或数量不满足工作需要的;

(三)违反本规定第十二条,未配备民用航空安全信息管理人员必需设备,或配备的设备无法正常使用的;

(四)违反本规定第三十二条第一款,未建立民用航空安全信息分析和发布制度的。

第三十九条 企事业单位有下列行为之一的,由局方给予警告、通报批评或者处1万元的罚款;情节严重,处2万元以上3万元以下的罚款:

(一)违反本规定第十条,未按规定报告事件信息的;

(二)违反本规定第十四条,未按规定报告紧急事件的;

(三)违反本规定第十五条,未按规定报告非紧急事件的;

（四）违反本规定第十六条，未按规定对已上报的事件进行处理的；

（五）违反本规定第十七条，未按规定途径上报民用航空安全信息报告表的；

（六）违反本规定第二十条，未妥善保护与事故、征候、一般事件以及举报事件有关的所有文本、影音、数据以及其他资料的；

（七）违反本规定第二十三条，未遵守地区管理局制定的民用航空安全信息管理办法中综合信息和监察信息的相关要求；

（八）违反本规定第二十九条，未按规定保护举报人合法权益的；

（九）违反本规定第三十二条第二款，未遵守民用航空安全信息发布制度，擅自披露或者公开民用航空安全信息的；

（十）违反本规定第三十四条，未按要求定期分析民用航空安全信息的；

（十一）违反本规定第三十七条，未按规定开展安全警示、预警工作的。

第四十条　个人有下列行为之一的，由局方处 1000 元以下的罚款：

（一）违反本规定第十条，未按规定报告事件信息的；

（二）违反本规定第二十条，未妥善保护与事故、征候、一般事件以及举报事件有关的所有文本、影音、数据以及其他资料的；

（三）违反本规定第二十九条，未按规定保护举报人合法权益的；

（四）违反本规定第三十二条第二款，未遵守民用航空安全信息发布制度，擅自披露或者公开民用航空安全信息的。

第四十一条　外国航空公司违反本规定第十四条或第十六条，由局方给予警告，或处 1 万元的罚款；情节严重的，处 2 万元以上 3 万元以下的罚款。

第八章　附　　则

第四十二条　本规定涉及相关定义如下：

（一）本规定所称事故按《民用航空器事件调查规定》的定义执行。

（二）本规定所称征候按《民用航空器征候等级划分办法》的定义和标准执行。严重征候是指《民用航空器征候等级划分办法》中的运输航空严重征候；一般征候是指《民用航空器征候等级划分办法》中的运输航空一般征候、通用航空征候和运输航空地面征候。

（三）本规定所称一般事件是指在民用航空器运行阶段或者机场活动区内发生航空器损伤、人员伤亡或者其他影响飞行安全的情况，但其严重程度未构成征候的事件。

（四）本规定所称局方是指民航局、地区管理局以及监管局。

（五）本规定所称企事业单位是指与航空器运行和保障有关的飞行、维修、空中交通管理、机场和油料等单位。

（六）本规定所称事发相关单位是指与所发生事件有关的、能提供事件直接信息的航空器运营人（含分、子公司）和航空运行保障单位。

（七）本规定所称所属地是指民航企事业单位注册所在地，注册所在地与主运行基地所在地不一致的，是指主运行基地所在地。

（八）本规定所称航空器运行阶段、机场活动区、受损定义参见《民用航空器征候等级划分办法》标准。

（九）本规定中所称"日"均指"日历日"。

第四十三条　国际民用航空公约附件13修正案颁布后，民航局将对其进行评估，决定采纳的，及时修订本规定；需要保留差异的，及时将差异通报国际民航组织。

第四十四条　涉及香港、澳门特别行政区、台湾地区的民航安全信息管理，参照本规定有关外国航空公司的规定执行。

第四十五条　本规定自2016年4月4日起施行。

涉外气象探测和资料管理办法

(2022年6月15日中国气象局、国家安全部、国家保密局令第40号公布 自2022年8月1日起施行 国司备字[2022006633])

第一章 总 则

第一条 为了规范涉外气象探测和资料管理,维护国家安全和利益,根据《中华人民共和国国家安全法》《中华人民共和国保守国家秘密法》和《中华人民共和国气象法》及其他有关法律、法规,制定本办法。

第二条 外国组织和个人在中华人民共和国领域和中华人民共和国管辖的其他海域从事气象探测以及汇交、获取、提供和使用气象资料等活动,应当遵守本办法。

外国组织和个人在中华人民共和国领域和中华人民共和国管辖的其他海域从事前款所述活动,应当与中华人民共和国有关组织合作进行。

第三条 从事涉外气象探测以及汇交、获取、提供和使用气象资料等活动,应当坚持依法监管、有效利用的原则,维护国家安全,促进气象国际合作。

涉及国家安全、国家秘密的涉外气象探测和气象资料的汇交、获取、提供和使用等活动,应当遵守国家安全和保密的法律、法规、规章和有关规定。

第四条 国务院气象主管机构负责全国涉外气象探测和资料的管理。

地方各级气象主管机构负责本行政区域内的涉外气象探测和资料的管理。

国家安全、保密等国务院其他有关部门和地方各级人民政府其他有关部门,应当按照职责配合气象主管机构共同做好涉外气象探测和资料的管理工作。

第五条 任何组织和个人不得向未经批准的外国组织或者个人提供气象探测场所和气象资料。

外国组织和个人不得利用气象探测活动和气象资料损害中华人民共和国的国家安全和利益。

国家机关和涉及国家秘密的单位不得擅自将涉及国家秘密的气象资料提供给外国组织或者个人。其他组织和个人不得将涉及国家秘密的气象资料以任何方式提供给外国组织或者个人。

涉及国家秘密的气象资料不得以任何方式发表。

第二章 涉外气象探测站(点)的设立

第六条 涉外气象探测站(点)的设立,实行行政许可制度。未经许可,不得设立涉外气象探测站(点)。

国务院气象主管机构负责涉外气象探测站(点)设立的审批,涉及国家安全、国家秘密的,应当分别征求国家安全、保密等部门的意见。

省、自治区、直辖市气象主管机构应当按照国务院气象主管机构有关要求,做好涉外气象探测站(点)设立的技术审查(含现场踏勘)工作。涉及国家安全、国家秘密的,应当分别征求同级国家安全、保密等部门的意见。

第七条 申请设立涉外气象探测站(点)应当具备以下条件:

(一)具有科学合理的国际合作项目实施计划或者方案;

(二)具有明确的中方合作组织、符合要求的气象探测地点;

(三)具有相应的经费、设备和专业技术人员;

(四)涉外气象探测活动的项目需要其他有关部门批准的,应当先经其他有关部门批准。

第八条 申请设立涉外气象探测站(点),应当提交以下材料:

(一)合作各方的基本情况;

(二)合作项目协议书、项目实施计划或者方案;

(三)专业技术人员的基本情况;

(四)气象探测仪器设备的型号、生产厂家、设备许可证或者技术指标等;

(五)拟建气象探测站(点)的基本参数(包括经度、纬度、海拔等)、布点数和气象探测环境;

(六)气象探测项目、时段,采样时间、频次、计算方法及其用途;

(七)气象探测资料的处理和传输方式,数据的采集、传输和存档格式,国内备份以及数据使用的共享方式等。

第九条 申请设立涉外气象探测站(点),应当按照以下程序办理:

(一)开展涉外气象探测活动的中方合作组织,应当向国务院气象主管机构提出申请;

(二)国务院气象主管机构自收到全部申请材料之日起五个工作日内,按照《中华人民共和国行政许可法》第三十二条的规定作出受理或者不予受理的决定,并出具书面凭证,对于不予受理的,应当说明理由;

(三)国务院气象主管机构受理后,可以委托申请人所在地和拟设立涉外气象探测站(点)所在地的省、自治区、直辖市气象主管机构进行技术审查(含现场踏勘),若同一申请中涉及多个涉外气象探测站(点)且跨行政区域的,可以委托两个以上省、自治区、直辖市气象主管机构分别进行技术审查;

(四)国务院气象主管机构应当结合申请人申请材料和技术审查意见作出决定,并通报涉外气象探测站(点)所在地的省、自治区、直辖市气象主管机构。

中方合作组织必须如实向气象主管机构提交有关材料和反映

真实情况,并对其申请材料实质内容的真实性负责。

第十条 国务院气象主管机构应当自受理之日起二十个工作日内作出许可决定。二十个工作日内不能作出决定的,按照《中华人民共和国行政许可法》第四十二条第一款的规定执行。

国务院气象主管机构依法作出不予行政许可的书面决定的,应当说明理由,并告知申请人享有依法申请行政复议或者提起行政诉讼的权利。

国务院气象主管机构在审批过程中需要按照《中华人民共和国行政许可法》第四十五条规定进行技术审查(含现场踏勘)的,所需时间不计入审批期限内。技术审查(含现场踏勘)时间一般不超过三个月。国务院气象主管机构应当将所需时间书面告知申请人。

第十一条 申请设立涉外气象探测站(点)和利用已有气象站(点)或者自带仪器设备进行气象探测的,应当遵守以下要求:

(一)在我国境内设立气象探测站点的站间距不能小于六十公里,探测时间不能超过两年,有特别需要并经国务院气象主管机构批准的除外;

(二)所获取的气象资料未经气象主管机构同意不得单方面进行传输;

(三)自带和使用的气象探测仪器设备,应当符合国家安全和保密的法律、法规、规章和有关规定,并接受国务院气象主管机构或者省、自治区、直辖市气象主管机构会同国家安全和保密部门的监督检查;

(四)自带和使用的气象探测仪器设备属于无线电发射设备的,应当按照国家无线电管理有关规定办理相关手续;

(五)涉外气象探测不得对我国正在进行的气象探测工作造成影响;

(六)不得进入涉及国家安全的区域开展气象探测活动;

(七)不得通过探测获取涉及国家秘密的气象资料。

第十二条 国防及军事设施区域、军事敏感区域、尚未对外开放地区、重点工程建设区域及其他涉及国家安全的区域不得设立涉外气象探测站(点)。

第十三条 经国务院气象主管机构批准设立的涉外气象探测站(点),应当按照批准的气象探测地点、项目、时段进行探测,不得擅自变更。

需要变更气象探测地点、项目、时段的,应当重新申请,并经国务院气象主管机构批准。

第十四条 省、自治区、直辖市气象主管机构负责本行政区域内涉外气象探测站(点)的监督管理,并将监督管理情况及时报告国务院气象主管机构。

中外合作各方应当主动接受气象主管机构的监督检查,如实提供有关情况和材料。

第三章 涉外气象资料的管理

第十五条 涉外气象探测活动所获取的气象探测资料,应当及时向气象探测站(点)所在地的省、自治区、直辖市气象主管机构汇交。具体汇交按照国务院气象主管机构制定的《气象探测资料汇交管理办法》执行。

第十六条 涉外气象探测活动所获取的气象探测资料及其加工产品,归中华人民共和国所有。

第十七条 外国组织和个人对其通过涉外气象探测活动所获取的气象探测资料及其加工产品享有使用权,参加合作各方可以依照约定使用,但不得以任何形式转让、提供给第三方。

第十八条 外国组织和个人申请获取参加世界气象组织全球和区域交换站点以外的气象资料,应当由中方合作组织向省、自治区、直辖市气象主管机构提出书面申请,由省、自治区、直辖市气象主管机构或者国务院气象主管机构批准。

中外合作各方应当与气象资料提供方签订气象资料使用协议,对获得的气象资料及其加工产品应当依照协议约定使用。协议应当报送省、自治区、直辖市气象主管机构或者国务院气象主管机构备案。

第十九条 在对外交往和合作中需要向外国组织或者个人提供涉及国家秘密的气象资料,应当按照国家保密法律、法规和有关规定执行。

第二十条 外国组织和个人在涉外气象探测活动中需要获取涉及国家秘密的气象资料,应当按照国家保密法律、法规和有关规定报批,并由国务院气象主管机构或者其授权的单位与中外合作各方按照国家规定签订气象资料保密协议,明确保密义务和责任,并依照协议约定使用。

第四章 法律责任

第二十一条 违反本办法规定,有下列行为之一的,由有关气象主管机构责令停止违法行为,限期改正,给予警告,可以并处三万元以下的罚款;构成犯罪的,依法追究刑事责任:

(一)未经批准擅自设立涉外气象探测站(点)的;

(二)超出批准布点数探测的;

(三)对我国正在进行的气象探测工作造成影响的;

(四)未经批准变更气象探测地点、项目、时段的;

(五)超过气象探测期限进行探测活动的;

(六)自带或者使用的气象探测仪器设备未经国务院气象主管机构或省、自治区、直辖市气象主管机构会同国家安全和保密部门的监督检查的;

(七)所获取的气象资料未经气象主管机构同意单方面进行传输的。

第二十二条 违反本办法规定,有下列行为之一的,由有关气

象主管机构责令停止违法行为,限期改正,给予警告,可以并处三万元以下的罚款:

(一)向未经批准的外国组织或者个人提供气象探测场所和气象资料的;

(二)外国组织和个人实施或者指使、资助他人以非法手段收集、窃取气象资料的;

(三)未按照规定向有关气象主管机构汇交气象探测资料的;

(四)转让或者提供气象探测资料及其加工产品给第三方的。

第二十三条 在涉外气象探测和资料管理活动中违反国家安全和保密法律、法规、规章和有关规定的,由国家安全、保密等部门依法处理;构成犯罪的,依法追究刑事责任。

第二十四条 气象主管机构工作人员在涉外气象探测和资料管理工作中玩忽职守、滥用职权的,依法给予处分;构成犯罪的,依法追究刑事责任。

国家工作人员在涉外气象探测和资料管理工作中故意或者过失泄露涉及国家秘密的气象资料的,按照国家有关法律法规规定给予处分;构成犯罪的,依法追究刑事责任。

第五章 附 则

第二十五条 本办法中下列用语的含义是:

(一)气象探测,是指利用科技手段对大气和近地层的大气物理过程、现象及其化学性质等进行的系统观察和测量;

(二)气象探测站(点),是指涉外气象活动中收集或者测量气象要素的临时或固定的设备及其场所。

第二十六条 我国政府与外国政府及国际组织之间的合作项目中涉及的气象活动,按照国家有关规定执行。

香港特别行政区、澳门特别行政区、台湾地区的组织和个人从事气象探测以及汇交、获取、提供和使用气象资料等活动,参照本办法执行。

第二十七条 本办法自 2022 年 8 月 1 日起施行。2006 年 11 月 7 日公布的中国气象局 国家保密局第 13 号令《涉外气象探测和资料管理办法》同时废止。

互联网用户账号信息管理规定

(2022 年 6 月 27 日国家互联网信息办公室令第 10 号公布 自 2022 年 8 月 1 日起施行 国司备字[2022006689])

第一章 总 则

第一条 为了加强对互联网用户账号信息的管理,弘扬社会主义核心价值观,维护国家安全和社会公共利益,保护公民、法人和其他组织的合法权益,根据《中华人民共和国网络安全法》、《中华人民共和国个人信息保护法》、《互联网信息服务管理办法》等法律、行政法规,制定本规定。

第二条 互联网用户在中华人民共和国境内的互联网信息服务提供者注册、使用互联网用户账号信息及其管理工作,适用本规定。法律、行政法规另有规定的,依照其规定。

第三条 国家网信部门负责全国互联网用户账号信息的监督管理工作。

地方网信部门依据职责负责本行政区域内的互联网用户账号信息的监督管理工作。

第四条 互联网用户注册、使用和互联网信息服务提供者管理互联网用户账号信息,应当遵守法律法规,遵循公序良俗,诚实信用,不得损害国家安全、社会公共利益或者他人合法权益。

第五条 鼓励相关行业组织加强行业自律,建立健全行业标准、行业准则和自律管理制度,督促指导互联网信息服务提供者制定完善服务规范、加强互联网用户账号信息安全管理、依法提供服务并接受社会监督。

第二章 账号信息注册和使用

第六条 互联网信息服务提供者应当依照法律、行政法规和国家有关规定,制定和公开互联网用户账号管理规则、平台公约,与互联网用户签订服务协议,明确账号信息注册、使用和管理相关权利义务。

第七条 互联网个人用户注册、使用账号信息,含有职业信息的,应当与个人真实职业信息相一致。

互联网机构用户注册、使用账号信息,应当与机构名称、标识等相一致,与机构性质、经营范围和所属行业类型等相符合。

第八条 互联网用户注册、使用账号信息,不得有下列情形:

(一)违反《网络信息内容生态治理规定》第六条、第七条规定;

(二)假冒、仿冒、捏造政党、党政军机关、企事业单位、人民团体和社会组织的名称、标识等;

(三)假冒、仿冒、捏造国家(地区)、国际组织的名称、标识等;

(四)假冒、仿冒、捏造新闻网站、报刊社、广播电视机构、通讯社等新闻媒体的名称、标识等,或者擅自使用"新闻"、"报道"等具有新闻属性的名称、标识等;

(五)假冒、仿冒、恶意关联国家行政区域、机构所在地、标志性建筑物等重要空间的地理名称、标识等;

(六)以损害公共利益或者谋取不正当利益等为目的,故意夹带二维码、网址、邮箱、联系方式等,或者使用同音、谐音、相近的文字、数字、符号和字母等;

(七)含有名不副实、夸大其词等可能使公众受骗或者产生误解的内容;

(八)含有法律、行政法规和国家有关规定禁止的其他内容。

第九条 互联网信息服务提供者为互联网用户提供信息发布、即时通讯等服务的,应当对申请注册相关账号信息的用户进行基于移动电话号码、身份证件号码或者统一社会信用代码等方式的真实身份信息认证。用户不提供真实身份信息,或者冒用组织机构、他人身份信息进行虚假注册的,不得为其提供相关服务。

第十条 互联网信息服务提供者应当对互联网用户在注册时提交的和使用中拟变更的账号信息进行核验,发现违反本规定第七条、第八条规定的,应当不予注册或者变更账号信息。

对账号信息中含有"中国"、"中华"、"中央"、"全国"、"国家"等内容,或者含有党旗、党徽、国旗、国歌、国徽等党和国家象征和标志的,应当依照法律、行政法规和国家有关规定从严核验。

互联网信息服务提供者应当采取必要措施,防止被依法依约关闭的账号重新注册;对注册与其关联度高的账号信息,应当对相关信息从严核验。

第十一条 对于互联网用户申请注册提供互联网新闻信息服务、网络出版服务等依法需要取得行政许可的互联网信息服务的账号,或者申请注册从事经济、教育、医疗卫生、司法等领域信息内容生产的账号,互联网信息服务提供者应当要求其提供服务资质、职业资格、专业背景等相关材料,予以核验并在账号信息中加注专门标识。

第十二条 互联网信息服务提供者应当在互联网用户账号信息页面展示合理范围内的互联网用户账号的互联网协议(IP)地址归属地信息,便于公众为公共利益实施监督。

第十三条 互联网信息服务提供者应当在互联网用户公众账号信息页面,展示公众账号的运营主体、注册运营地址、内容生产类别、统一社会信用代码、有效联系方式、互联网协议(IP)地址归属地等信息。

第三章 账号信息管理

第十四条 互联网信息服务提供者应当履行互联网用户账号信息管理主体责任,配备与服务规模相适应的专业人员和技术能力,建立健全并严格落实真实身份信息认证、账号信息核验、信息内容安全、生态治理、应急处置、个人信息保护等管理制度。

第十五条 互联网信息服务提供者应当建立账号信息动态核验制度,适时核验存量账号信息,发现不符合本规定要求的,应当暂停提供服务并通知用户限期改正;拒不改正的,应当终止提供服务。

第十六条 互联网信息服务提供者应当依法保护和处理互联网用户账号信息中的个人信息,并采取措施防止未经授权的访问以及个人信息泄露、篡改、丢失。

第十七条 互联网信息服务提供者发现互联网用户注册、使用账号信息违反法律、行政法规和本规定的,应当依法依约采取警示提醒、限期改正、限制账号功能、暂停使用、关闭账号、禁止重新注册等处置措施,保存有关记录,并及时向网信等有关主管部门报告。

第十八条 互联网信息服务提供者应当建立健全互联网用户账号信用管理体系,将账号信息相关信用评价作为账号信用管理的重要参考指标,并据以提供相应服务。

第十九条 互联网信息服务提供者应当在显著位置设置便捷的投诉举报入口,公布投诉举报方式,健全受理、甄别、处置、反馈等机制,明确处理流程和反馈时限,及时处理用户和公众投诉举报。

第四章 监督检查与法律责任

第二十条 网信部门会同有关主管部门,建立健全信息共享、会商通报、联合执法、案件督办等工作机制,协同开展互联网用户账号信息监督管理工作。

第二十一条 网信部门依法对互联网信息服务提供者管理互联网用户注册、使用账号信息情况实施监督检查。互联网信息服务提供者应当予以配合,并提供必要的技术、数据等支持和协助。

发现互联网信息服务提供者存在较大网络信息安全风险的,省级以上网信部门可以要求其采取暂停信息更新、用户账号注册或者其他相关服务等措施。互联网信息服务提供者应当按照要求采取措施,进行整改,消除隐患。

第二十二条 互联网信息服务提供者违反本规定的,依照有关法律、行政法规的规定处罚。法律、行政法规没有规定的,由省级以上网信部门依据职责给予警告、通报批评,责令限期改正,并可以处一万元以上十万元以下罚款。构成违反治安管理行为的,移交公安机关处理;构成犯罪的,移交司法机关处理。

第五章 附 则

第二十三条 本规定下列用语的含义是:

(一)互联网用户账号信息,是指互联网用户在互联网信息服务中注册、使用的名称、头像、封面、简介、签名、认证信息等用于标识用户账号的信息。

(二)互联网信息服务提供者,是指向用户提供互联网信息发布和应用平台服务,包括但不限于互联网新闻信息服务、网络出版服务、搜索引擎、即时通讯、交互式信息服务、网络直播、应用软件下载等互联网服务的主体。

第二十四条 本规定自2022年8月1日施行。本规定施行之前颁布的有关规定与本规定不一致的,按照本规定执行。

优抚医院管理办法

(2022年6月28日退役军人事务部、国家卫生健康委员会、国家医疗保障局令第7号公布 自2022年8月1日起施行 国司备字[2022006692])

第一条 为了加强优抚医院管理,服务国防和军队建设,推动让退役军人成为全社会尊重的人,让军人成为全社会尊崇的职业,根据《中华人民共和国退役军人保障法》、《中华人民共和国基本医疗卫生与健康促进法》、《军人抚恤优待条例》、《医疗机构管理条例》和国家有关规定,制定本办法。

第二条 优抚医院是国家为残疾退役军人和在服役期间患严重慢性病、精神疾病的退役军人等优抚对象提供医疗和供养服务的优抚事业单位,是担负特殊任务的医疗机构,主要包括综合医院、康复医院、精神病医院等,名称统一为"荣军优抚医院"。

优抚医院坚持全心全意为优抚对象服务的办院宗旨,坚持优抚属性,遵循医疗机构建设和管理规律。

第三条 国务院退役军人工作主管部门负责全国优抚医院工作。县级以上地方人民政府退役军人工作主管部门负责本行政区域内优抚医院工作。

退役军人工作主管部门应当会同卫生健康主管部门加强对优抚医院的指导,为优抚医院医务人员的培训进修等创造条件,支持有条件的优抚医院在医疗、科研、教学等方面全面发展。

第四条 国家兴办优抚医院,所需经费按照事权划分列入各级预算。

第五条 设置优抚医院,应当符合国家有关规定和优抚医院布局规划。

卫生健康主管部门应当会同退役军人工作主管部门,将优抚医院设置纳入当地医疗机构设置规划统筹考虑。

省级人民政府退役军人工作主管部门应当会同省级人民政府卫生健康主管部门根据优抚对象数量和医疗供养需求情况,适应伤病残退役军人移交安置工作和服务备战打仗需要,制定本行政区域内优抚医院布局和发展规划,并报国务院退役军人工作主管部门和国务院卫生健康主管部门备案。

优抚医院布局和发展规划应当纳入当地经济和社会发展总体规划和卫生健康、医疗保障事业发展规划,建设水平应当与当地经济和社会发展、卫生健康事业发展相适应。

第六条 因符合条件优抚对象数量较少等情形未建设优抚医院的地方,可以采取购买服务等方式,协调当地其他医疗机构为优抚对象提供医疗服务。

优抚医院应当依法履行相关职责,符合条件的按程序纳入基本医疗保险定点医疗机构、工伤保险协议医疗机构、工伤康复协议机构管理范围。

第七条 优抚医院在建设、用地、水电、燃气、供暖、电信等方面依法享受国家有关优惠政策。

鼓励公民、法人和其他组织对优抚医院提供捐助和服务。

优抚医院各项经费应当按照批复的预算执行,接受财政、审计部门和社会的监督。

第八条 对在优抚医院工作中成绩显著的单位和个人,按照国家有关规定给予表彰和奖励。

第九条 优抚医院根据主管部门下达的任务,收治下列优抚对象:

(一)需要常年医疗或者独身一人不便分散供养的一级至四级残疾退役军人;

(二)在服役期间患严重慢性病的残疾退役军人和带病回乡退役军人;

(三)在服役期间患精神疾病,需要住院治疗的退役军人;

（四）短期疗养的优抚对象；

（五）主管部门安排收治的其他人员。

优抚医院应当在完成主管部门下达的收治任务的基础上，为其他优抚对象提供优先或者优惠服务。

第十条 优抚医院应当为在院优抚对象提供良好的医疗服务和生活保障，主要包括：

（一）健康检查；

（二）疾病诊断、治疗和护理；

（三）康复训练；

（四）健康指导；

（五）辅助器具安装；

（六）精神慰藉；

（七）生活必需品供给；

（八）生活照料；

（九）文体活动。

第十一条 优抚医院应当加强对在院优抚对象的思想政治工作，发挥优抚对象在光荣传统教育中的重要作用。

第十二条 优抚医院针对在院残疾退役军人的残情特点，实施科学有效的医学治疗，探索常见后遗症、并发症的防治方法，促进生理机能恢复，提高残疾退役军人生活质量。

第十三条 优抚医院应当采取积极措施，控制在院慢性病患者病情，减轻其痛苦，降低慢性疾病对患者造成的生理和心理影响。

第十四条 优抚医院对在院精神疾病患者进行综合治疗，促进患者精神康复。

对精神病患者实行分级管理，预防发生自杀、自伤、伤人、出走等行为。

第十五条 优抚医院应当规范入院、出院程序。

属于第九条规定收治范围的优抚对象，可以由本人（精神病患者由其利害关系人)提出申请,或者由村(社区)退役军人服务站代为提出申请,经县级人民政府退役军人工作主管部门审核,由优抚医院根据主管部门下达的任务和计划安排入院。省级人民政府退役军人工作主管部门可以指定优抚医院收治符合条件的优抚对象。

在院优抚对象基本治愈或者病情稳定,符合出院条件的,由优抚医院办理出院手续。

在院优抚对象病故的,优抚医院应当及时报告主管部门,并协助优抚对象常住户口所在地退役军人工作主管部门妥善办理丧葬事宜。

第十六条 优抚医院应当按照国家有关规定建立健全病历管理制度,设置病案管理部门或者配备专兼职人员,负责病历和病案管理工作。

第十七条 退役军人工作主管部门应当定期组织优抚医院开展巡回医疗活动,积极为院外优抚对象提供医疗服务。

第十八条 优抚医院应当在做好优抚对象服务工作的基础上,积极履行医疗机构职责,发挥自身医疗专业特长,为社会提供优质医疗服务。

优抚医院应当通过社会服务提升业务能力,改善医疗条件,不断提高医疗和供养水平。

第十九条 优抚医院在设置审批、登记管理、命名、执业和监督等方面应当符合国家有关医疗机构管理的法律法规和相关规定,执行卫生健康主管部门有关医疗机构的相关标准。

第二十条 优抚医院实行党委领导下的院长负责制,科室实行主任(科长)负责制。

第二十一条 优抚医院应当加强党的建设,充分发挥基层党组织战斗堡垒作用和党员先锋模范作用,促进思想政治和医德医风建设。

第二十二条 优抚医院实行国家规定的工资制度,合理确定医务人员薪酬水平,完善内部分配和激励机制,促进医务人员队伍建设。

第二十三条 优抚医院建立职工代表大会制度,保障职工参与医院的民主决策、民主管理和民主监督。

第二十四条 优抚医院应当树立现代管理理念,推进现代化、标准化、信息化建设;强化重点专科建设,发挥专业技术优势;建立完整的医护管理、感染控制、药品使用、医疗事故预防和安全、消防等规章制度,提高医院管理水平。

第二十五条 优抚医院实行岗位责任制,设立专业技术类、管理类、工勤技能类等岗位并明确相关职责;实行24小时值班制度,按照医院分级护理等有关要求为收治对象提供护理服务。

第二十六条 优抚医院应当完善人才培养和引进机制,积极培养和引进学科带头人,同等条件下优先聘用曾从事医务工作的退役军人,建立一支适应现代化医院发展要求的技术和管理人才队伍。

第二十七条 优抚医院应当加强与军队医院、其他社会医院、医学院校的合作与交流,开展共建活动,在人才、技术等领域实现资源共享和互补。

第二十八条 优抚医院应当加强医院文化建设,积极宣传优抚对象的光荣事迹,形成有拥军特色的医院文化。

第二十九条 优抚医院的土地、房屋、设施、设备和其他财产归优抚医院管理和使用,任何单位和个人不得侵占。

侵占、破坏优抚医院财产的,由当地人民政府退役军人工作主管部门责令限期改正;造成损失的,依法承担赔偿责任。

第三十条 优抚对象应当遵守优抚医院各项规章制度,尊重医护人员工作,自觉配合医护人员的管理。对违反相关规定的,由优抚医院或者主管部门进行批评教育,情节严重的,依法追究相应责任。

第三十一条 优抚医院违反本办法规定,提供的医疗和供养服务不符合要求的,由优抚医院主管部门责令改正;逾期不改正的,对直接负责的责任人和其他主管人员依法给予处分;造成损失的,依法承担责任。

优抚医院造成收治对象人身损害或发生医疗事故、医疗纠纷的,应当依法处置。

优抚医院违反国家有关医疗机构管理的法律法规和相关规定的,由县级以上地方人民政府卫生健康主管部门依法依规处理。

第三十二条　承担优抚对象收治供养任务的其他医疗机构对优抚对象的诊疗服务工作,可以参照本办法有关规定执行。

第三十三条　本办法自2022年8月1日起施行。

中国清洁发展机制基金管理办法

(2022年6月28日财政部、生态环境部、国家发展和改革委员会、外交部、科技部、农业农村部、气象局令第111号公布　自2022年8月1日起施行　国司备字[2022006696])

第一章　总　　则

第一条　为加强和规范中国清洁发展机制基金(以下简称基金)的资金筹集、管理和使用,实现基金宗旨,制定本办法。

第二条　基金是由国家批准设立的政策性基金,按照市场化模式进行运作。

第三条　基金的宗旨是支持国家碳达峰碳中和、应对气候变化、污染防治和生态保护等绿色低碳领域活动,促进经济社会高质量发展。

第四条　基金的筹集、管理和使用,应当遵循公开公正、安全规范、专款专用、注重绩效的原则。

第二章 基金组织架构

第五条 基金的组织架构由基金政策指导委员会和基金管理中心组成。

第六条 基金政策指导委员会是基金事务的部际议事机构,负责对基金进行政策指导。

基金政策指导委员会由财政部、生态环境部、发展改革委、外交部、科技部、农业农村部和气象局的代表组成。

基金政策指导委员会设联合主席,由财政部、生态环境部和发展改革委的代表担任,负责召集和主持基金政策指导委员会会议。

基金政策指导委员会下设秘书处,由基金管理中心承担具体工作。

第七条 基金政策指导委员会履行下列职责:

(一)对制定基金基本管理制度提出指导意见;

(二)对基金发展方向、中长期发展战略和业务发展给予政策性指导;

(三)对基金赠款、有偿使用等的支持方向以及其他政策提出指导意见;

(四)对影响基金发展的其他重大事项提出指导意见。

第八条 基金管理中心是基金的管理机构,具体负责基金的筹集、管理和使用工作,由财政部归口管理。

第九条 基金管理中心履行下列职责:

(一)起草基金基本管理制度,制定基金具体运行管理规定;

(二)筹集和管理基金资金;

(三)组织开展基金赠款和有偿使用等业务;

(四)对基金赠款和有偿使用等项目进行监督管理;

(五)向基金政策指导委员会报告基金年度业务计划及其开展情况,以及其他重大事项;

（六）履行基金政策指导委员会秘书处职责；

（七）开展其他符合基金宗旨的活动。

第三章 基 金 筹 集

第十条 基金来源包括：

（一）通过清洁发展机制项目转让温室气体减排量所获得收入中属于国家所有的部分；

（二）基金运营收入；

（三）国内外机构、组织和个人捐赠；

（四）其他来源。

第十一条 本办法所称减排量，是指经国家批准，通过清洁发展机制项目转让的温室气体减排量；减排量收入，是指转让减排量所获得的收入。

减排量收入由国家和实施清洁发展机制项目的企业按照规定的比例分别所有。减排量收入中属于国家所有的部分全额纳入基金。

第十二条 本办法所称基金运营收入，是指在本办法规定的使用范围内，基金开展有偿使用等所获得的收入。

第四章 基 金 使 用

第十三条 基金使用应当以保本微利、实现可持续发展为原则，采取赠款、有偿使用等方式。

第十四条 基金通过安排一定规模赠款支持以下项目活动：

（一）与碳达峰碳中和、应对气候变化相关的政策研究和学术活动；

（二）与碳达峰碳中和、应对气候变化相关的国际合作和交流活动；

(三)旨在加强碳达峰碳中和、应对气候变化能力建设的培训活动；

(四)旨在提高公众碳达峰碳中和、应对气候变化意识的宣传和教育活动；

(五)符合基金宗旨的其他项目。

基金赠款年度支出规模根据基金上年度收益情况和国家碳达峰碳中和、应对气候变化实际工作需要确定。

第十五条 基金赠款项目申报单位应当是与碳达峰碳中和、应对气候变化工作相关的省级以上人民政府有关部门。省级生态环境部门负责地方赠款项目的组织申报工作。

第十六条 基金赠款项目的申报、评审、管理和考核验收等应当按照基金赠款项目管理有关规定进行。

基金赠款项目管理办法由生态环境部、财政部另行制定。生态环境部据此牵头编制年度赠款项目指南。

第十七条 基金通过有偿使用方式支持以下项目活动：

(一)有利于实现碳达峰碳中和、产生应对气候变化效益的项目活动；

(二)落实国家有关污染防治和生态保护重大决策部署的项目活动；

(三)符合基金宗旨的其他项目活动。

第十八条 基金有偿使用主要采取以下方式：

(一)债权投资；

(二)股权投资；

(三)融资性担保；

(四)符合国家规定的其他方式。

第十九条 基金有偿使用依托专业机构开展，实行专业化管理。

基金有偿使用形成的各种资产和权益应当按照国家有关财务等规章制度进行管理。

第二十条　基金有偿使用的组织与开展应当按照财政部有关基金有偿使用管理规定执行。

第二十一条　基金支出包括赠款支出和基础管理费支出。

前款所称基础管理费支出，是指基金筹集、管理、使用过程中的相关费用，包括基金管理中心日常管理费、基金业务发展费以及其他费用。

第二十二条　基金管理中心应当公开以下信息：

（一）基金有关政策文件；

（二）基金赠款项目的申报流程以及所需提供的材料清单；

（三）基金赠款、有偿使用等业务开展情况，但涉及国家秘密、商业秘密的除外；

（四）法律、法规规定应当公开的其他信息。

第二十三条　基金与基金管理中心应当分别建账、分别核算，并按照财政部有关基金财务管理的规定加强监督管理，提高资金使用绩效，保障资金安全。

第二十四条　基金管理中心应当加强对基金使用的风险管理，及时识别、分析、评价和处理相关风险。

基金不得用于不符合其宗旨的赞助和捐赠支出，不得从事房地产、股票、股票型证券投资基金以及期货等高风险金融衍生产品投资。

第五章　监督检查与法律责任

第二十五条　财政部、生态环境部应当按照职责分工加强对基金有偿使用情况、赠款项目开展情况和会计资料等的监督检查，全链条规范基金运行管理。

基金管理中心应当会同有关单位对基金资金使用情况和产出成果进行监督和管理，并及时向基金政策指导委员会报告相关情况。

第二十六条　基金及其管理中心应当接受国家审计机关依法

实施的审计监督。

第二十七条 基金管理中心应当聘请社会审计机构对基金收支规模、基金结余、基金运行情况以及基金管理中心的支出情况等进行审计。

第二十八条 基金管理单位及其工作人员在基金赠款项目和有偿使用项目管理以及其他重大业务中,有违反本办法规定的行为,以及滥用职权、玩忽职守、徇私舞弊等违法违纪行为的,依法依规追究相应责任;构成犯罪的,依法追究刑事责任。

第二十九条 基金使用单位及其工作人员有违反本办法规定的基金使用行为的,应当由有关主管部门责令改正,依法依规追究相应责任;构成犯罪的,依法追究刑事责任。

第六章 附 则

第三十条 本办法由财政部、生态环境部、发展改革委、外交部、科技部、农业农村部和气象局负责解释。

第三十一条 本办法自 2022 年 8 月 1 日起施行。2010 年 9 月 14 日公布的《中国清洁发展机制基金管理办法》(财政部 国家发展改革委 外交部 科技部 环境保护部 农业部 中国气象局令第 59 号)同时废止。

港口基础设施维护管理规定

(2022 年 6 月 30 日交通运输部令 2022 年第 19 号公布 自 2022 年 9 月 1 日起施行 国司备字[2022006694])

第一章 总 则

第一条 为了加强和规范港口基础设施维护管理,保障港口安全稳定运行,根据《中华人民共和国港口法》等法律、行政法规,制定本规定。

第二条 在中华人民共和国境内从事港口基础设施的维护活动,适用本规定。

本规定所称港口基础设施,是指在港口规划范围内,经验收合格后交付使用的码头及其同步立项的配套设施、防波堤、锚地、护岸等。

本规定所称港口基础设施维护,是指为了保持或者恢复港口基础设施良好技术状态而采取的检查、检测评估、维修等活动。

第三条 交通运输部负责指导全国港口基础设施维护管理工作。

省级人民政府交通运输主管部门负责指导本行政区域内港口基础设施维护管理工作。

港口所在地的港口行政管理部门负责具体实施港口基础设施维护的监督管理工作。

第四条 港口公用的防波堤、锚地等基础设施由县级以上人民政府确定的部门或者单位负责维护。其他港口基础设施由港口经营人负责维护。

前款负责港口基础设施维护的部门和单位,统称维护单位。

第五条 港口基础设施维护应当落实全生命周期维护要求,坚持预防为主、防治结合、规范及时、安全环保的原则,提高港口基础设施使用寿命。

第六条 维护单位应当落实安全生产责任制,按照核定功能、设计要求、使用说明书以及相关法规、标准规范等合理使用和维护港口基础设施。

鼓励港口基础设施维护采用新材料、新工艺、新装备,配置自动化监测监控设施,积极推进自动化、智能化技术的应用。

第二章 维 护 计 划

第七条 港口基础设施维护计划是维护单位对港口基础设施的检查、检测评估、维修等活动作出的工作安排。

港口基础设施维护计划应当包括维护内容、维护标准、资金筹措方案等。

第八条 维护单位应当根据港口基础设施运行情况、使用年限等,按照有关强制性标准和技术规范的要求组织编制维护计划。

因港口基础设施技术状态等发生变化需要变更维护计划的,维护单位应当及时调整。

第九条 港口行政管理部门应当积极推动县级以上人民政府保证必要的资金投入,用于港口公用的防波堤、锚地等基础设施的维护。

第三章 检查和检测评估

第十条 维护单位应当按照港口基础设施维护计划、实际运行情况等开展检查,并做好记录。

对客运码头、危险化学品码头及其配套设施,或者遇台风、风暴潮、地震等自然灾害,维护单位应当加大检查频次。

第十一条 港口基础设施发生下列情况之一的,维护单位应当委托具有国家规定资质的检测单位进行检测评估:

(一)地基基础、主体结构有明显或者超过有关强制性标准和技术规范规定的沉降、位移、变形、开裂破损等现象的;

(二)达到设计使用年限或者有关强制性标准和技术规范规定的检测评估周期的。

港口基础设施达到设计使用年限后继续使用的,维护单位应当加大检测评估频次。

第十二条 检测单位应当在检测后出具检测评估报告。

检测评估报告应当包括检测评估依据、内容和方法,港口基础设施技术状态类别以及是否符合安全使用要求的结论等。

港口基础设施技术状态不符合安全使用要求的,检测评估报告应当明确提出停止使用的意见,并提出维修建议。经评估采用限制使用措施可满足安全使用要求的,检测评估报告应当明确具体的限制使用条件。

第十三条 检测评估报告涉及结构安全计算的,应当由具备相应资格的注册工程师出具计算书,或者委托具有国家规定资质的设计单位出具计算书。

第十四条 检测单位、注册工程师和设计单位对其出具的检测评估报告或者计算书的合法性、真实性、准确性负责。

第十五条 任何单位和个人不得干扰正常的检测评估工作,不得伪造、篡改检测评估报告。

第十六条 检测评估报告提出港口基础设施应当停止或者限制使用的,维护单位应当立即停止或者限制使用,并设置必要的安全警示标志。

第十七条 维护单位应当自收到检测评估报告10个工作日内,将检测评估报告和停止、限制使用情况报送港口所在地的港口行政管理部门。港口行政管理部门作为维护单位的,应当按照要求报送上一级港口行政管理部门。

涉及停止或者限制使用码头、锚地的,港口行政管理部门应当及时通报有关海事管理机构并向社会公布。

第四章 设 施 维 修

第十八条 经检查或者检测评估发现港口基础设施损坏或者不满足使用要求的,维护单位应当及时维修,使其保持或者处于安全、适用状态。

港口基础设施维修规模较大、技术复杂且涉及结构安全的,维护单位应当开展专项维修。

港口基础设施维修不得改变港口基础设施的使用功能、泊位性质、靠泊等级等;确需改变的,应当按照港口工程建设管理相关规定履行改建或者扩建程序。

第十九条 维护单位开展专项维修进行设计的,应当委托港口基础设施原设计单位或者不低于原设计单位资质等级的单位设计。

设计文件应当依据检测评估报告、港口基础设施结构型式、使用要求等出具,明确专项维修的设计标准、方案以及环境保护、质量控制等要求。设计文件深度应当达到施工图设计要求。

维护单位应当组织有关专家对设计文件进行评审。评审不通过的,应当要求设计单位重新设计或者重新委托设计单位进行设计。

第二十条 鼓励对港口公用基础设施、客运码头、危险化学品码头等专项维修实施监理。

第二十一条 港口基础设施专项维修完工后,经维护单位组织核验后方可投入使用。

停止或者限制使用的港口基础设施专项维修完工后,维护单位在核验前应当委托具有国家规定资质的检测单位进行检测评估。

第二十二条 维护单位应当在核验通过后 20 个工作日内,将核验资料报送港口所在地的港口行政管理部门。港口行政管理部门作为维护单位的,应当按照要求报送上一级港口行政管理部门。

港口行政管理部门应当将核验资料通报有关海事管理机构。

第五章 档案与信息报送

第二十三条 维护单位应当制定港口基础设施台账,明确设施的类别、数量、建设和运行情况、历史维护情况等。

第二十四条 维护单位应当建立健全港口基础设施维护档案管理制度,保证档案资料真实、准确和完整。

第二十五条 维护单位应当按照档案管理有关规定,及时收集、整理和归档维护计划、检查、检测评估、设计、维修、核验等纸质或者电子技术档案资料。

检测评估、设计、监理等单位应当按照规定做好相关资料的收集、整理和归档。

第二十六条 维护单位应当按照有关统计、信息报送等制度要求定期报送港口基础设施技术状态等信息。

第六章 监督检查

第二十七条 港口行政管理部门原则上应当采取随机抽取检查对象、随机选派执法检查人员方式,对港口基础设施的维护活动进行监督检查。监督检查结果应当及时向社会公布。

第二十八条 维护单位违反本规定有关要求的,由港口行政管理部门责令整改。港口行政管理部门作为维护单位的,由其上级港口行政管理部门责令整改。

第二十九条 经检查或者调查证实,港口基础设施不符合港口经营许可条件要求的,由港口行政管理部门依照《港口经营管理规定》第四十二条第一款的规定予以处罚。

第三十条 检测单位及相关人员弄虚作假、出具虚假报告的,由有关部门依据相关法规予以处罚。

第三十一条 港口行政管理部门应当加强港口基础设施维护相关单位和人员的信用管理,并按照规定将有关信息纳入信用信息共享平台。

第七章 附 则

第三十二条 与港口相关的航道养护及航标维护管理不适用本规定,依照交通运输部有关规定执行。

第三十三条 本规定自2022年9月1日起施行。2012年12月14日交通运输部发布的《关于印发〈港口设施维护管理规定(试行)〉的通知》(交水发〔2012〕728号)同时废止。

国家档案馆档案开放办法

(2022年7月1日国家档案局令第19号公布 自2022年8月1日起施行 国司备字〔2022006739〕)

目 录

第一章 总 则
第二章 档案开放主体和范围
第三章 档案开放程序和方式
第四章 开放档案利用和保护
第五章 保障和监督
第六章 附 则

第一章 总 则

第一条 为了推进和规范各级国家档案馆档案开放工作,进一步加强档案管理、促进档案利用,充分发挥档案在党和国家各项事业发展中的作用,根据《中华人民共和国档案法》等法律法规,制定本办法。

第二条 本办法所称档案开放,是指国家档案馆按照法定权限将形成时间达到一定年限、无需限制利用的馆藏档案经过法定程序向社会提供利用的活动。

第三条 档案开放应当遵循合法、及时、平等和便于利用的原则,实现档案有序开放、有效利用与档案实体和信息安全相统一。

第四条 国家档案馆应当建立健全档案开放工作制度,积极稳妥地推进档案开放,加强档案利用服务能力建设,保障单位和个人依法利用档案的权利。

第五条 国家档案主管部门负责统筹协调、监督指导全国档案开放工作,研究制定档案开放有关政策和工作规范。

县级以上地方档案主管部门负责统筹协调本行政区域的档案开放工作,对本行政区域内地方各级国家档案馆的档案开放工作实行监督指导。

第二章 档案开放主体和范围

第六条 国家档案馆负责各自分管范围内馆藏档案的开放。国家对档案开放的权限另有规定的,从其规定。

第七条 自形成之日起满二十五年的国家档案馆的档案,经开放审核后无需限制利用的应当及时向社会开放。经济、教育、科技、文化等类档案,经开放审核后可以提前向社会开放。

第八条 自形成之日起已满二十五年,但具有下列情形之一的国家档案馆的档案,可以延期向社会开放:

(一)涉及国家秘密且保密期限尚未届满、解密时间尚未到达或者解密条件尚未达成的;

(二)涉及国家和社会重大利益,开放后可能危及国家安全和社会稳定的;

(三)涉及知识产权、个人信息,开放后会对第三方合法权益造成损害的；

（四）其他按照有关法律、行政法规和国家有关规定应当限制利用的。

第九条 国家档案馆应当根据本办法第八条的规定，结合职责权限和馆藏档案实际，会同档案形成单位或者移交单位依法依规确定延期向社会开放档案的具体标准和范围。

第十条 国家档案馆不得擅自开放归属和管理权限不属于本馆的历史档案。如需开放，应当按照有关规定征得对该档案有归属和管理权限的档案馆的同意。

第十一条 国家档案馆以接受捐献、寄存方式收集的档案，是否开放应当按照与捐献、寄存档案的单位和个人的约定办理。未作约定的，国家档案馆应当征求捐献、寄存档案的单位和个人意见。无法取得意见的，由国家档案馆按照本办法有关规定办理。

第三章 档案开放程序和方式

第十二条 国家档案馆的档案应当依照有关法律、行政法规以及本办法的规定，进行开放审核，分期分批向社会开放。

第十三条 国家档案馆向社会开放档案应当按照以下程序进行：

（一）计划。研究提出工作方案，明确档案开放工作目标、任务和要求，并报同级档案主管部门批准。

（二）组织。按照同级档案主管部门批准的工作方案牵头组织实施档案开放工作。

（三）审核。会同档案形成单位或者移交单位共同对馆藏档案进行开放审核。

（四）确认。按照本办法第十五条的规定确认档案开放审核结果。

（五）公布。以适当方式向社会公布开放档案的目录。

第十四条 县级以上地方档案主管部门应当协调建立本地区馆藏档案开放审核协同机制,明确国家档案馆牵头,档案形成单位或者移交单位参与,双方共同负责馆藏档案开放审核。

馆藏档案开放审核的具体规定由国家档案主管部门另行制定。

第十五条 馆藏档案开放审核结果应当由国家档案馆和档案形成单位或者移交单位协商一致确定。其中,延期向社会开放的档案,应当由国家档案馆将档案目录报同级档案主管部门审核。

第十六条 国家档案馆应当将有关档案开放的信息通过互联网政务媒体、新闻发布会以及报刊、广播、电视等便于公众知晓的方式及时予以公布,并通过网站或者其他方式定期公布开放档案的目录。

第十七条 国家档案馆应当对延期开放的馆藏档案定期评估,因情势变化不再具有法律、行政法规以及本办法规定的延期向社会开放情形的,在履行相关程序后向社会开放。

第四章 开放档案利用和保护

第十八条 单位和个人持有合法证明可以利用国家档案馆已经开放的档案。机关、团体、企业事业单位和其他组织以及公民利用未开放档案应当向国家档案馆提出申请,按照规定办理有关手续。

国家档案馆应当依照有关法律、行政法规以及本办法的规定,制定档案利用的具体办法,明确档案利用的条件、方式、范围、程序等,并向社会公布。

第十九条 国家档案馆应当设置专门的档案利用场所并配备相应的设施、设备,通过信函、电话、网站、电子邮件和互联网政务媒体等多种方式,建立完善档案利用渠道,简化手续,积极为档案利用创造条件、提供便利。

第二十条 国家档案主管部门统筹建设开放档案查询利用平台,推动开放档案跨区域共享利用。

第二十一条 单位和个人到国家档案馆利用档案,应当遵守档案利用的相关规定,并对所利用的档案负有保护的义务。

第二十二条 存在破损或者字迹褪变、扩散等情形且尚未完成修复的档案,如提供利用可能造成档案进一步受损的,国家档案馆可以暂缓提供利用。

第二十三条 已经印刷、复印、缩微、翻拍及数字化等复制处理的档案,国家档案馆应当使用复制件代替原件提供利用。古老、珍贵和重要档案,原则上不提供原件利用。

第二十四条 单位和个人在国家档案馆利用档案需要复制的,可以由国家档案馆代为办理,复制档案的数量由国家档案馆根据具体情况酌情决定。因档案保存状况和档案载体特点等原因不适宜复制的,国家档案馆可以不予复制。

第二十五条 单位和个人使用从国家档案馆摘录、复制的档案,应当遵守有关法律、行政法规和国家有关规定,不得损害国家利益、社会公共利益和第三方合法权益。在公开发表、出版的作品中使用国家档案馆尚未公布的档案,还应当遵守保管该档案的国家档案馆的有关规定。

第二十六条 举办展览、展示等活动需要使用国家档案馆档案的,一般应当使用复制件代替原件,档案原件原则上不外借。

第五章 保障和监督

第二十七条 档案主管部门应当协调有关部门,为国家档案馆开展档案开放工作创造条件、提供保障。

第二十八条 档案形成单位或者移交单位应当为国家档案馆开展档案开放工作提供便利,对应当共同负责的档案开放审核工作,不得拒绝、推诿、敷衍、拖延。无正当理由拒不履行档案开放审核职责的,由档案主管部门责令限期改正。

第二十九条 国家档案馆应当不断提高档案开放工作水平,改善档案利用服务条件,听取社会公众意见,完善反馈机制,接受社会监督。

第三十条 档案主管部门应当会同有关部门加强对国家档案馆档案开放工作的监督检查。对不按照规定向社会开放、提供利用档案的,档案主管部门应当督促整改,依法依规给予相应处理。

第三十一条 国家档案馆应当在每年1月31日前向同级档案主管部门提交上一年度档案开放工作年度报告。

年度报告应当包括档案开放工作计划执行情况、提供档案利用服务情况以及档案利用典型案例等。

第六章 附 则

第三十二条 外国人、无国籍人、外国组织利用国家档案馆已经开放的档案,适用本办法。国家另有规定的除外。

第三十三条 国家档案馆应当根据本办法,结合工作实际,制定本馆档案开放工作的具体操作规定,报同级档案主管部门备案。

第三十四条 本办法自2022年8月1日起施行。国家档案局1991年12月26日发布的《各级国家档案馆开放档案办法》、《外国组织和个人利用我国档案试行办法》同时废止。之前有关档案开放的规定与本办法不一致的,按照本办法执行。

交通运输部关于修改《中华人民共和国高速客船安全管理规则》的决定

(2022年7月8日交通运输部令2022年第20号公布 自公布之日起施行 国司备字[2022006695])

交通运输部决定对《中华人民共和国高速客船安全管理规则》(交通运输部令2017年第17号)作如下修改:

一、将第四条修改为:"经营高速客船的船公司应依法取得相应的经营资质。"

二、将第六条修改为:"船公司在高速客船开始营运前,应编制下列资料:

(一)航线运行手册;

(二)船舶操作手册;

(三)船舶维修及保养手册;

(四)培训手册;

(五)安全营运承诺书。

上述各项手册所应包含的内容由主管机关确定。安全营运承诺书应包括船舶名称,船舶所有人、经营人或者管理人,营运水域或者航线等信息,并承诺依法合规安全营运。

船公司应将拟投入营运的高速客船在取得船舶国籍登记证书7日内,向主要营运地的海事管理机构备案,并附送本条第一款所列材料。"

三、增加一条,作为第七条:"海事管理机构收到高速客船备案材料后,对材料齐全且符合要求的,应当向社会公布已备案的高速客船名单和相关信息并及时更新,便于社会查询和监督。

对材料不全或者不符合要求的,海事管理机构应当场或者自收到备案材料之日起5日内一次性书面通知备案人需要补充的全部内容。"

四、增加一条,作为第八条:"高速客船备案事项发生变化的,应当向原办理备案的海事管理机构办理备案变更。

高速客船终止经营的,应当在终止经营之日30日前告知主要营运地的海事管理机构。"

五、第九条改为第十一条,删去第一款、第二款、第三款。

六、删去第二十一条。

七、增加一条,作为第二十四条:"海事管理机构应当定期公布符合上述条件的码头,督促高速客船在符合条件的码头靠泊,并落实各项安全管理措施。"

八、第二十七条改为第二十九条,修改为:"高速客船及人员遇险,应采取措施积极自救,同时立即向就近水上搜救中心报告。"

条文序号和个别文字作相应调整。

本决定自公布之日起施行。

《中华人民共和国高速客船安全管理规则》根据本决定作相应修改,重新发布。

中华人民共和国高速客船安全管理规则

(2006年2月24日交通部发布 根据2017年5月23日交通运输部《关于修改〈中华人民共和国高速客船安全管理规则〉的决定》第一次修订 根据2022年7月8日交通运输部《关于修改〈中华人民共和国高速客船安全管理规则〉的决定》第二次修订)

第一章 总 则

第一条 为加强对高速客船的安全监督管理,维护水上交通秩序,保障人命财产安全,依据《中华人民共和国海上交通安全法》、《中华人民共和国内河交通安全管理条例》等有关法律和行政法规,制定本规则。

第二条　本规则适用于在中华人民共和国通航水域航行、停泊和从事相关活动的高速客船及船舶所有人、经营人和相关人员。

第三条　中华人民共和国海事局是实施本规则的主管机关。各海事管理机构负责在本辖区内实施本规则。

第二章　船　公　司

第四条　经营高速客船的船公司应依法取得相应的经营资质。

第五条　船公司从境外购置或光租的二手外国籍高速客船应满足《老旧运输船舶管理规定》的要求。

第六条　船公司在高速客船开始营运前,应编制下列资料:

(一)航线运行手册;

(二)船舶操作手册;

(三)船舶维修及保养手册;

(四)培训手册;

(五)安全营运承诺书。

上述各项手册所应包含的内容由主管机关确定。安全营运承诺书应包括船舶名称,船舶所有人、经营人或者管理人,营运水域或者航线等信息,并承诺依法合规安全营运。

船公司应将拟投入营运的高速客船在取得船舶国籍登记证书7日内,向主要营运地的海事管理机构备案,并附送本条第一款所列材料。

第七条　海事管理机构收到高速客船备案材料后,对材料齐全且符合要求的,应当向社会公布已备案的高速客船名单和相关信息并及时更新,便于社会查询和监督。

对材料不全或者不符合要求的,海事管理机构应当场或者自收到备案材料之日起5日内一次性书面通知备案人需要补充的全部内容。

第八条 高速客船备案事项发生变化的,应当向原办理备案的海事管理机构办理备案变更。

高速客船终止经营的,应当在终止经营之日30日前告知主要营运地的海事管理机构。

第九条 经营高速客船的船公司应当建立适合高速客船营运特点的安全管理制度,包括为防止船员疲劳的船员休息制度。

第三章 船 舶

第十条 高速客船须经船舶检验合格,并办理船舶登记手续,持有有效的船舶证书。

第十一条 高速客船应随船携带最新的适合于本船的航线运行手册、船舶操作手册、船舶维修及保养手册和培训手册。

第十二条 高速客船必须按规定要求配备号灯、号型、声响信号、无线电通信设备、消防设备、救生设备和应急设备等。高速客船上所有的设备和设施均应处于完好备用状态。

第四章 船 员

第十三条 在高速客船任职的船员应符合下列要求:

(一)经主管机关认可的基本安全培训并取得培训合格证,其中船长、驾驶员、轮机长、轮机员以及被指定为负有安全操作和旅客安全职责的普通船员还必须通过主管机关认可的特殊培训并取得特殊培训合格证。

(二)船长、驾驶员、轮机长、轮机员按规定持有相应的职务适任证书。

(三)取得高速客船船员职务适任证书者,在正式任职前见习航行时间不少于 10 小时和 20 个单航次。

(四)男性船长、驾驶员的年龄不超过 60 周岁,女性船长、驾驶员的年龄不超过 55 周岁。

在非高速客船上任职的船员申请高速客船船长、大副、轮机长职务适任证书时的年龄不超过 45 周岁。

(五)船长、驾驶员的健康状况,尤其是视力、听力和口语表达能力应符合相应的要求。

第十四条 主管机关授权的海事管理机构负责高速客船船员的培训管理和考试、发证工作。有关培训、考试、发证的规定由主管机关颁布实施。

第十五条 高速客船应向办理船舶登记手续的海事管理机构申领最低安全配员证书。高速客船的最低配员标准应满足本规则附录的要求。

第十六条 高速客船驾驶人员连续驾驶值班时间不得超过两个小时,两次驾驶值班之间应有足够的间隔休息时间,具体由当地海事管理机构确定。

第五章 航行安全

第十七条 高速客船航行时应使用安全航速,以防止发生碰撞和浪损。高速客船进出港口及航经特殊航段时,应遵守当地海事管理机构有关航速的规定。

高速客船在航时,须显示黄色闪光灯。

第十八条 高速客船在航时,值班船员必须在各自岗位上严格按职责要求做好安全航行工作。驾驶台负责了望的人员必须保持正规的了望。无关人员禁止进入驾驶台。

第十九条 高速客船在港口及内河通航水域航行时,应主动让清所有非高速船舶。高速客船在海上航行及高速客船与其它高速船舶之间避让时,应按避碰规则的规定采取措施。高速客船在特殊航段航行时,应遵守海事管理机构公布的特别航行规定。

第二十条 海事管理机构认为必要时可为高速客船推荐或指定航路。高速客船必须遵守海事管理机构有关航路的规定。

第二十一条 遇有恶劣天气或能见度不良时,海事管理机构可建议高速客船停航。

第二十二条 高速客船应按规定的乘客定额载客,禁止超载。高速客船禁止在未经批准的站、点上下旅客。

第六章 安全保障

第二十三条 高速客船应靠泊符合下列条件的码头:
(一)满足船舶安全靠泊的基本要求;
(二)高速客船靠泊时不易对他船造成浪损;
(三)避开港口通航密集区和狭窄航段;
(四)上下旅客设施符合安全条件;
(五)夜间有足够的照明;
(六)冬季有采取防冻防滑的安全保护措施。

第二十四条 海事管理机构应当定期公布符合上述条件的码头,督促高速客船在符合条件的码头靠泊,并落实各项安全管理措施。

第二十五条 高速客船对旅客携带物品应有尺度和数量限制,旅客的行李物品不得堵塞通道。严禁高速客船载运或旅客携带危险物品。

第二十六条 高速客船应每周进行一次应急消防演习和应急撤离演习,并做好演习记录;每次开航前,应向旅客讲解有关安全须知。

第二十七条 高速客船应建立开航前安全自查制度,制定开航前安全自查表并进行对照检查,海事管理机构可对开航前安全自查表进行监督抽查。

第二十八条 高速客船应当按规定办理进出港口手续。国内航行的高速客船应当按规定办理进出港报告手续。国际航行的高速客船可申请不超过7天的定期进出口岸许可证。

高速客船不得夜航。但航行特殊水域的高速客船确需夜航的,应当向当地海事管理机构申请船舶进出港口许可,经批准后方可夜航。

第二十九条 高速客船及人员遇险,应采取措施积极自救,同时立即向就近水上搜救中心报告。

第七章 法律责任

第三十条 违反本规则的,由海事管理机构依照有关法律、行政法规以及交通运输部的有关规定进行处罚。

第三十一条 高速客船违反本规则经海事管理机构处罚仍不改正的,海事管理机构可责令其停航。

第三十二条 海事管理机构工作人员违反规定,滥用职权,玩忽职守,给人民生命财产造成损失的,由所在单位或上级主管机关给予行政处分;构成犯罪的,依法追究其刑事责任。

第八章 附 则

第三十三条 本规则所述"高速客船"系指载客12人以上,最大航速(米/秒)等于或大于以下数值的船舶:$3.7\nabla^{0.1667}$,式中"∇"系指对应设计水线的排水体积(米^3)。但不包括在非排水状态下船体由地效应产生的气动升力完全支承在水面上的船舶。

本规则所述"船公司"系指船舶所有人、经营人或者管理人以及其他已从船舶所有人处接受船舶的营运责任并承担船舶安全与防污染管理的所有义务和责任的组织。

第三十四条 外国籍高速客船不适用本规则第二、三、四章的规定,但应满足船旗国主管当局的要求。

第三十五条 本规则未尽事宜,按国家其他有关法规和我国加入的国际公约执行。

第三十六条 本规则自2006年6月1日起施行。交通部1996年12月24日发布的《中华人民共和国高速客船安全管理规则》(交通部令1996年第13号)同时废止。

附录：

高速客船最低安全配员

一、沿海及国际航线

安全配员	P<200人	P≥200人
T<2H	船长1人 轮机长1人 驾驶员1人 轮机员1人 普通船员1人	船长1人 轮机长1人 驾驶员1人 轮机员1人 普通船员2人
2H≤T<4H	船长1人 轮机长1人 驾驶员1人 轮机员1人 普通船员2人	船长1人 轮机长1人 驾驶员1人 轮机员1人 普通船员3人
T≥4H	船长1人 轮机长1人 驾驶员2人 轮机员1人 普通船员2人	船长1人 轮机长1人 驾驶员2人 轮机员1人 普通船员3人

注：1. 普通船员中应至少有1人为水手。
2. 客运部和无线电人员的配员参照《中华人民共和国船舶最低安全配员规则》的海船最低安全配员表进行核定。
3. T——单航次航行时间 P——载客定额 H——小时

二、内河航线

安全配员	P<200人	P≥200人
T<2H	船长1人 轮机员1人 驾驶员1人	船长1人 轮机长1人 驾驶员1人 普通船员1人
2H≤T<4H	船长1人 轮机长1人 驾驶员1人 普通船员1人	船长1人 轮机长1人 驾驶员1人 普通船员2人
T≥4H	船长1人 轮机长1人 驾驶员2人 轮机员1人 普通船员2人	船长1人 轮机长1人 驾驶员2人 轮机员1人 普通船员2人

注：1. 普通船员中应至少有1人为水手。
2. 客运部人员的配员参照《中华人民共和国船舶最低安全配员规则》的内河船舶最低安全配员表进行核定。
3. T——单航次航行时间 P——载客定额 H——小时

司法解释

最高人民法院关于充分发挥环境资源审判职能作用依法惩处盗采矿产资源犯罪的意见

（2022年7月1日 法发〔2022〕19号）

党的十八大以来，以习近平同志为核心的党中央把生态文明建设作为关系中华民族永续发展的根本大计，高度重视和持续推进环境资源保护工作。矿产资源是国家的宝贵财富，是人民群众生产、生活的物质基础，是山水林田湖草沙生命共同体的重要组成部分。盗采矿产资源犯罪不仅破坏国家矿产资源及其管理秩序，妨害矿业健康发展，也极易造成生态环境损害，引发安全事故。为充分发挥人民法院环境资源审判职能作用，依法惩处盗采矿产资源犯罪，切实维护矿产资源和生态环境安全，根据有关法律规定，制定本意见。

一、提高政治站位，准确把握依法惩处盗采矿产资源犯罪的根本要求

1. 坚持以习近平新时代中国特色社会主义思想为指导，深入贯彻习近平生态文明思想和习近平法治思想，紧紧围绕党和国家工作大局，用最严格制度、最严密法治筑牢维护矿产资源和生态环境安全的司法屏障。坚持以人民为中心，完整、准确、全面贯彻新发展理念，正确认识和把握惩罚犯罪、保护生态与发展经济、保障民生之间的辩证关系，充分发挥司法的规则引领与价值导向功能，服务经济社会高质量发展。

2. 深刻认识盗采矿产资源犯罪的严重社会危害性,准确把握依法打击盗采矿产资源犯罪的形势任务,增强工作责任感和使命感。严格依法审理各类盗采矿产资源案件,紧盯盗采、运输、销赃等各环节,坚持"全要素、全环节、全链条"标准,确保裁判政治效果、法律效果、社会效果、生态效果相统一。

3. 坚持刑法和刑事诉讼法的基本原则,落实宽严相济刑事政策,依法追究盗采行为人的刑事责任。落实民法典绿色原则及损害担责、全面赔偿原则,注重探索、运用预防性恢复性司法规则,依法认定盗采行为人的民事责任。支持和保障行政主管机关依法行政、严格执法,切实追究盗采行为人的行政责任。贯彻落实全面追责原则,依法妥善协调盗采行为人的刑事、民事、行政责任。

4. 突出打击重点,保持依法严惩态势。落实常态化开展扫黑除恶斗争部署要求,持续依法严惩"沙霸""矿霸"及其"保护伞",彻底斩断其利益链条、铲除其滋生土壤。结合环境保护法、长江保护法、黑土地保护法等法律实施,依法严惩在划定生态保护红线区域、大江大河流域、黑土地保护区域以及在禁采区、禁采期实施的盗采矿产资源犯罪。立足维护矿产资源安全与科学开发利用,依法严惩针对战略性稀缺性矿产资源实施的盗采犯罪。

二、正确适用法律,充分发挥依法惩处盗采矿产资源犯罪的职能作用

5. 严格依照刑法第三百四十三条及《最高人民法院、最高人民检察院关于办理非法采矿、破坏性采矿刑事案件适用法律若干问题的解释》(以下简称《解释》)的规定,对盗采矿产资源行为定罪量刑。对犯罪分子主观恶性深、人身危险性大、犯罪情节恶劣、后果严重的,坚决依法从严惩处。

6. 正确理解和适用《解释》第二条、第四条第一款、第五条第一款规定,准确把握盗采矿产资源行为入罪的前提条件。对是否构成"未取得采矿许可证"情形,要在综合考量案件具体事实、情节的基础上依法认定。

7. 正确理解和适用《解释》第三条、第四条第二款、第五条第二款规定,对实施盗采矿产资源行为同时构成两种以上"情节严重"或者"情节特别严重"情形的,要综合考虑各情节,精准量刑。对在河道管理范围、海域实施盗采砂石行为的,要充分关注和考虑其危害堤防安全、航道畅通、通航安全或者造成岸线破坏等因素。

8. 充分关注和考虑实施盗采矿产资源行为对生态环境的影响,加强生态环境保护力度。对具有破坏生态环境情节但非依据生态环境损害严重程度确定法定刑幅度的,要酌情从重处罚。盗采行为人积极修复生态环境、赔偿损失的,可以依法从轻或者减轻处罚;符合《解释》第十条规定的,可以免予刑事处罚。

9. 正确理解和适用《解释》第十三条规定,准确把握矿产品价值认定规则。为获取非法利益而对矿产品进行加工、保管、运输的,其成本支出一般不从销赃数额中扣除。销赃数额与评估、鉴定的矿产品价值不一致的,要结合案件的具体事实、情节作出合理认定。

10. 依法用足用好罚金刑,提高盗采矿产资源犯罪成本,要综合考虑矿产品价值或者造成矿产资源破坏的价值、生态环境损害程度、社会影响等情节决定罚金数额。法律、行政法规对同类盗采矿产资源行为行政罚款标准有规定的,决定罚金数额时可以参照行政罚款标准。盗采行为人就同一事实已经支付了生态环境损害赔偿金、修复费用的,决定罚金数额时可予酌情考虑,但不能直接抵扣。

11. 准确理解和把握刑法第七十二条规定,依法正确适用缓刑。对盗采矿产资源犯罪分子具有"涉黑""涉恶"或者属于"沙霸""矿霸",曾因非法采矿或者破坏性采矿受过刑事处罚,与国家工作人员相互勾结实施犯罪或者以行贿等非法手段逃避监管,毁灭、伪造、隐藏证据或者转移财产逃避责任,或者数罪并罚等情形的,要从严把握缓刑适用。依法宣告缓刑的,可以根据犯罪情况,同时禁止犯罪分子在缓刑考验期限内从事与开采矿产资源有关的特定活动。

12. 准确理解和把握法律关于共同犯罪的规定,对明知他人盗采矿产资源,而为其提供重要资金、工具、技术、单据、证明、手续等便利条件或者居间联络,结合全案证据可以认定为形成通谋的,以共同犯罪论处。

13. 正确理解和适用《解释》第十二条规定,加强涉案财物处置力度。对盗采矿产资源犯罪的违法所得及其收益,用于盗采矿产资源犯罪的专门工具和供犯罪所用的本人财物,坚决依法追缴、责令退赔或者没收。对在盗采、运输、销赃等环节使用的机械设备、车辆、船舶等大型工具,要综合考虑案件的具体事实、情节及工具的属性、权属等因素,依法妥善认定是否用于盗采矿产资源犯罪的专门工具。

14. 依法妥善审理国家规定的机关或者法律规定的组织提起的生态环境保护附带民事公益诉讼,综合考虑盗采行为人的刑事责任与民事责任。既要依法全面追责,又要关注盗采行为人的担责能力,保证裁判的有效执行。鼓励根据不同环境要素的修复需求,依法适用劳务代偿、补种复绿、替代修复等多种修复责任承担方式,以及代履行、公益信托等执行方式。支持各方依法达成调解协议,鼓励盗采行为人主动、及时承担民事责任。

三、坚持多措并举,健全完善有效惩治盗采矿产资源犯罪的制度机制

15. 完善环境资源审判刑事、民事、行政审判职能"三合一"体制,综合运用刑事、民事、行政法律手段惩治盗采矿产资源犯罪,形成组合拳。推进以湿地、森林、海洋等生态系统,或者以国家公园、自然保护区等生态功能区为单位的环境资源案件跨行政区划集中管辖,推广人民法院之间协商联动合作模式,努力实现一体化司法保护和法律统一适用。全面加强队伍专业能力建设,努力培养既精通法律法规又熟悉相关领域知识的专家型法官,不断提升环境资源审判能力水平。

16. 加强与纪检监察机关、检察机关、公安机关、行政主管机关的协作配合,推动构建专业咨询和信息互通渠道,建立健全打击盗采矿产资源行政执法与刑事司法衔接长效工作机制,有效解决专业性问题评估、鉴定,涉案物品保管、移送和处理,案件信息共享等问题。依法延伸审判职能,积极参与综合治理工作,对审判中发现的违法犯罪线索、监管疏漏等问题,及时向有关单位移送、通报,必要时发送司法建议,形成有效惩治合力。

17. 因应信息化发展趋势,以人工智能、大数据、区块链为依托,促进信息技术与执法办案、调查研究深度融合,提升环境资源审判的便捷性、高效性和透明度。加速建设全国环境资源审判信息平台,构建上下贯通、横向联通的全国环境资源审判"一张网",为实现及时、精准惩处和预防盗采矿产资源犯罪提供科技支持。

18. 落实人民陪审员参加盗采矿产资源社会影响重大的案件和公益诉讼案件审理的制度要求,积极发挥专业人员在专业事实查明中的作用,充分保障人民群众知情权、参与权和监督权。着力提升巡回审判、典型案例发布等制度机制的普法功能,深入开展法治宣传和以案释法工作,积极营造依法严惩盗采矿产资源犯罪的社会氛围,引导人民群众增强环境资源保护法治意识,共建天蓝、地绿、水清的美丽家园。

最高人民法院关于办理人身安全保护令案件适用法律若干问题的规定

（2022年6月7日最高人民法院审判委员会第1870次会议通过　2022年7月14日最高人民法院公告公布　自2022年8月1日起施行　法释〔2022〕17号）

为正确办理人身安全保护令案件，及时保护家庭暴力受害人的合法权益，根据《中华人民共和国民法典》《中华人民共和国反家庭暴力法》《中华人民共和国民事诉讼法》等相关法律规定，结合审判实践，制定本规定。

第一条　当事人因遭受家庭暴力或者面临家庭暴力的现实危险，依照反家庭暴力法向人民法院申请人身安全保护令的，人民法院应当受理。

向人民法院申请人身安全保护令，不以提起离婚等民事诉讼为条件。

第二条　当事人因年老、残疾、重病等原因无法申请人身安全保护令，其近亲属、公安机关、民政部门、妇女联合会、居民委员会、村民委员会、残疾人联合会、依法设立的老年人组织、救助管理机构等，根据当事人意愿，依照反家庭暴力法第二十三条规定代为申请的，人民法院应当依法受理。

第三条　家庭成员之间以冻饿或者经常性侮辱、诽谤、威胁、跟踪、骚扰等方式实施的身体或者精神侵害行为，应当认定为反家庭暴力法第二条规定的"家庭暴力"。

第四条　反家庭暴力法第三十七条规定的"家庭成员以外共同生活的人"一般包括共同生活的儿媳、女婿、公婆、岳父母以及其他有监护、扶养、寄养等关系的人。

第五条 当事人及其代理人对因客观原因不能自行收集的证据,申请人民法院调查收集,符合《最高人民法院关于适用〈中华人民共和国民事诉讼法〉的解释》第九十四条第一款规定情形的,人民法院应当调查收集。

人民法院经审查,认为办理案件需要的证据符合《最高人民法院关于适用〈中华人民共和国民事诉讼法〉的解释》第九十六条规定的,应当调查收集。

第六条 人身安全保护令案件中,人民法院根据相关证据,认为申请人遭受家庭暴力或者面临家庭暴力现实危险的事实存在较大可能性的,可以依法作出人身安全保护令。

前款所称"相关证据"包括:

(一)当事人的陈述;

(二)公安机关出具的家庭暴力告诫书、行政处罚决定书;

(三)公安机关的出警记录、讯问笔录、询问笔录、接警记录、报警回执等;

(四)被申请人曾出具的悔过书或者保证书等;

(五)记录家庭暴力发生或者解决过程等的视听资料;

(六)被申请人与申请人或者其近亲属之间的电话录音、短信、即时通讯信息、电子邮件等;

(七)医疗机构的诊疗记录;

(八)申请人或者被申请人所在单位、民政部门、居民委员会、村民委员会、妇女联合会、残疾人联合会、未成年人保护组织、依法设立的老年人组织、救助管理机构、反家暴社会公益机构等单位收到投诉、反映或者求助的记录;

(九)未成年子女提供的与其年龄、智力相适应的证言或者亲友、邻居等其他证人证言;

(十)伤情鉴定意见;

(十一)其他能够证明申请人遭受家庭暴力或者面临家庭暴力现实危险的证据。

第七条 人民法院可以通过在线诉讼平台、电话、短信、即时通讯工具、电子邮件等简便方式询问被申请人。被申请人未发表意见的,不影响人民法院依法作出人身安全保护令。

第八条 被申请人认可存在家庭暴力行为,但辩称申请人有过错的,不影响人民法院依法作出人身安全保护令。

第九条 离婚等案件中,当事人仅以人民法院曾作出人身安全保护令为由,主张存在家庭暴力事实的,人民法院应当根据《最高人民法院关于适用〈中华人民共和国民事诉讼法〉的解释》第一百零八条的规定,综合认定是否存在该事实。

第十条 反家庭暴力法第二十九条第四项规定的"保护申请人人身安全的其他措施"可以包括下列措施:

(一)禁止被申请人以电话、短信、即时通讯工具、电子邮件等方式侮辱、诽谤、威胁申请人及其相关近亲属;

(二)禁止被申请人在申请人及其相关近亲属的住所、学校、工作单位等经常出入场所的一定范围内从事可能影响申请人及其相关近亲属正常生活、学习、工作的活动。

第十一条 离婚案件中,判决不准离婚或者调解和好后,被申请人违反人身安全保护令实施家庭暴力的,可以认定为民事诉讼法第一百二十七条第七项规定的"新情况、新理由"。

第十二条 被申请人违反人身安全保护令,符合《中华人民共和国刑法》第三百一十三条规定的,以拒不执行判决、裁定罪定罪处罚;同时构成其他犯罪的,依照刑法有关规定处理。

第十三条 本规定自 2022 年 8 月 1 日起施行。

最高人民法院关于为加快建设全国统一大市场提供司法服务和保障的意见

(2022年7月14日 法发〔2022〕22号)

为深入贯彻党的十九大和十九届历次全会精神,认真落实《中共中央、国务院关于加快建设全国统一大市场的意见》,充分发挥人民法院职能作用,为加快建设全国统一大市场提供高质量司法服务和保障,结合人民法院工作实际,制定本意见。

一、总体要求

1. 切实增强为加快建设全国统一大市场提供司法服务和保障的责任感、使命感。加快建设高效规范、公平竞争、充分开放的全国统一大市场,是以习近平同志为核心的党中央从全局和战略高度作出的重大战略部署,是构建新发展格局的基础支撑和内在要求。各级人民法院要切实把思想和行动统一到党中央重大战略部署上来,深刻把握"两个确立"的决定性意义,增强"四个意识"、坚定"四个自信"、做到"两个维护",不断提高政治判断力、政治领悟力、政治执行力,坚持服务大局、司法为民、公正司法,忠实履行宪法法律赋予的职责,充分发挥法治的规范、引领和保障作用,为加快建设全国统一大市场提供高质量司法服务和保障。

2. 准确把握为加快建设全国统一大市场提供司法服务和保障的切入点、着力点。各级人民法院要紧紧围绕党中央重大决策部署,坚持"两个毫不动摇",坚持问题导向,完整、准确、全面贯彻新发展理念,强化系统观念、注重协同配合、积极担当作为,统筹立审执各领域、各环节精准发力,统筹市场主体、要素、规则、秩序统一保护,对标对表持续推动国内市场高效畅通和规模拓展、加快营造稳定公平透明可预期的营商环境、进一步降低市场交易成本、促进科技创新和产业升级、培育参与国际竞争合作新优势五大主要目标,有针对性地完善司法政策、创新工作机制、提升司法质效,不断提高司法服务保障工作的实效性,更好发挥市场在资源配置中的决定性作用,为建设高标准市场体系、构建高水平社会主义市场经济体制提供坚强司法支撑。

二、加强市场主体统一平等保护

3. 助力实行统一的市场准入。依法审理建设工程、房地产、矿产资源以及水、电、气、热力等要素配置和市场准入合同纠纷案件,准确把握自然垄断行业、服务业等市场准入放宽对合同效力的影响,严格落实"非禁即入"政策。依法审理涉市场准入行政案件,支持分级分类推进行政审批制度改革,遏制不当干预经济活动特别是滥用行政权力排除、限制竞争行为。加强市场准入负面清单、涉企优惠政策目录清单等行政规范性文件的附带审查,推动行政机关及时清理废除含有地方保护、市场分割、指定交易等妨碍统一市场和公平竞争的规范性文件,破除地方保护和区域壁垒。

4. 加强产权平等保护。坚持各类市场主体诉讼地位平等、法律适用平等、法律责任平等,依法平等保护各类市场主体合法权益。严格区分经济纠纷、行政违法与刑事犯罪,坚决防止将经济纠纷当作犯罪处理,坚决防止将民事责任变为刑事责任。依法惩治侵犯产权违法犯罪行为,健全涉案财物追缴处置机制,最大限度追赃挽损。充分贯彻善意文明执行理念,进一步规范涉产权强制措施,严禁超标的、违法查封财产,灵活采取查封、变价措施,有效释放被查封财产使用价值和融资功能。完善涉企产权案件申诉、重审等机制,健全涉产权冤错案件有效防范纠正机制。支持规范行政执法领域涉产权强制措施,依法维护市场主体经营自主权。

5. 依法平等保护中外当事人合法权益。研究制定法律查明和国际条约、国际惯例适用等司法解释,准确适用域外法律和国际条约、国际惯例。优化涉外民商事纠纷诉讼管辖机制,研究制定第一审涉外民商事案件管辖司法解释。加强司法协助工作,完善涉外送达机制,推动建成域外送达统一平台。推进国际商事法庭实质化运行,健全国际商事专家委员会工作机制,完善一站式国际商事纠纷解决信息化平台,实现调解、仲裁和诉讼有机衔接,努力打造国际商事纠纷解决新高地。准确适用外商投资法律法规,全面实施外商投资准入前国民待遇加负面清单制度,依法维护外商投资合同效力,促进内外资企业公平竞争。推进我国法域外适用法律体系建设,依法保护"走出去"企业和公民合法权益。

6. 完善市场主体救治和退出机制。坚持破产审判市场化、法治化、专业化、信息化方向,依法稳妥审理破产案件,促进企业优胜劣汰。坚持精准识别、分类施策,对陷入财务困境但仍具有发展前景和挽救价值的企业,积极适用破产重整、破产和解程序,促进生产要素优化组合和企业转型升级,让企业重新焕发生机活力,让市场资源配置更加高效。积极推动完善破产法制及配套机制建设,完善执行与破产工作有序衔接机制,推动企业破产法修改和个人破产立法,推动成立破产管理人协会和设立破产费用专项基金,推进建立常态化"府院联动"协调机制。

7. 依法及时兑现市场主体胜诉权益。进一步健全完善综合治理执行难工作大格局,加强执行难综合治理、源头治理考评,推动将执行工作纳入基层网格化管理,完善立审执协调配合机制,确保"切实解决执行难"目标如期实现。进一步加强执行信息化建设,拓展升级系统功能,强化执行节点管理,提升执行流程监管自动化、智能化水平。探索建立律师调查被执行人财产等制度,推进落实委托审计调查、公证取证、悬赏举报等制度。探索建立怠于履行协助执行义务责任追究机制,建立防范和制止规避执行行为制度,依法惩戒拒执违法行为。配合做好强制执行法立法工作,制定或修订债权执行等司法解释,完善执行法律法规体系。

三、助力打造统一的要素和资源市场

8. 支持健全城乡统一的土地市场。妥善审理涉农村土地"三权分置"纠纷案件,促进土地经营权有序流转。依法审理农村集体经营性建设用地入市纠纷,支持加快建设同权同价、流转顺畅、收益共享的城乡统一建设用地市场。以盘活利用土地为目标,妥善审理涉及国有企事业单位改革改制土地资产处置、存量划拨土地资产产权确定、上市交易等案件。依法审理建设用地使用权转让、出租、抵押等纠纷案件,保障建设用地规范高效利用。适应土地供给政策调整,统一国有土地使用权出让、转让合同纠纷案件裁判尺度。

9. **支持发展统一的资本市场。** 依法严惩操纵市场、内幕交易、非法集资、贷款诈骗、洗钱等金融领域犯罪,促进金融市场健康发展。妥善审理金融借款合同、证券、期货交易及票据纠纷等案件,规范资本市场投融资秩序。依法处理涉供应链金融、互联网金融、不良资产处置、私募投资基金等纠纷,助力防范化解金融风险。完善私募股权投资、委托理财、资产证券化、跨境金融资产交易等新型纠纷审理规则,加强数字货币、移动支付等法律问题研究,服务保障金融业创新发展。

10. **支持建设统一的技术和数据市场。** 加强科技成果所有权、使用权、处置权、收益权司法保护,妥善处理因科技成果权属认定、权利转让、权利质押、价值认定和利益分配等产生的纠纷,依法支持科技创新成果市场化应用。依法保护数据权利人对数据控制、处理、收益等合法权益,以及数据要素市场主体以合法收集和自身生成数据为基础开发的数据产品的财产性权益,妥善审理因数据交易、数据市场不正当竞争等产生的各类案件,为培育数据驱动、跨界融合、共创共享、公平竞争的数据要素市场提供司法保障。加强数据产权属性、形态、权属、公共数据共享机制等法律问题研究,加快完善数据产权司法保护规则。

11. **支持建设全国统一的能源和生态环境市场。** 依法审理涉油气期货产品、天然气、电力、煤炭交易等纠纷案件,依法严惩油气、天然气、电力、煤炭非法开采开发、非法交易等违法犯罪行为,推动资源合法有序开发利用。研究发布司法助力实现碳达峰碳中和目标的司法政策,妥善审理涉碳排放配额、核证自愿减排量交易、碳交易产品担保以及企业环境信息公开、涉碳绿色信贷、绿色金融等纠纷案件,助力完善碳排放权交易机制。全面准确适用民法典绿色原则、绿色条款,梳理碳排放领域出现的新业态、新权属、新问题,健全涉碳排放权、用水权、排污权、用能权交易纠纷裁判规则。研究适用碳汇认购、技改抵扣等替代性赔偿方式,引导企业对生产设备和生产技术进行绿色升级。

四、依法维护统一的市场交易规则

12. **优化营商环境司法保障机制。**法治是最好的营商环境。对照加快建设全国统一大市场要求,探索建立符合我国国情、国际标准的司法服务保障营商环境指标体系,加大服务保障营商环境建设情况在考评工作中的比重。出台服务保障营商环境建设的司法解释和司法政策。配合有关职能部门,开展营商环境创新试点工作,制定出台建设法治化营商环境实施规划,建立营商环境定期会商机制。依托司法大数据,建立法治化营商环境分析研判机制。加大营商环境司法保障工作宣传力度,提振经营者投资信心。探索设立人民法院优化营商环境专家咨询委员会。

13. **助力营造公平诚信的交易环境。**切实实施民法典,出台民法典合同编司法解释,贯彻合同自由、诚实信用原则,保护合法交易行为,畅通商品服务流通,降低市场交易成本。完善推动社会主义核心价值观深度融入审判执行工作配套机制,发挥司法裁判明辨是非、惩恶扬善、平衡利益、定分止争功能,引导市场主体增强法治意识、公共意识、规则意识。构建虚假诉讼预防、识别、惩治机制,依法严惩虚假诉讼违法犯罪行为。强化失信被执行人信用惩戒力度,完善失信惩戒系统,细化信用惩戒分级机制,修订完善失信被执行人名单管理规定,探索建立守信激励和失信被执行人信用修复制度。探索社会信用体系建设与人民法院审判执行工作深度融合路径,推动建立健全与市场主体信用信息相关的司法大数据归集共享和使用机制。

14. 支持区域市场一体化建设。健全区域重大战略、区域协调发展司法服务和保障机制,依法支持京津冀、长三角、粤港澳大湾区以及成渝地区双城经济圈、长江中游城市群等区域,在维护全国统一大市场前提下,优先开展区域市场一体化建设工作。充分发挥最高人民法院巡回法庭作用,健全巡回区法院资源共享、联席会议、法官交流等工作机制,积极探索区域司法协作新路径。健全跨域司法联动协作机制,积极推广司法服务保障区域市场一体化的典型经验做法。

15. 推进内地与港澳、大陆与台湾规则衔接机制对接。加强涉港澳台审判工作,探索建立涉港澳台商事案件集中管辖机制。加强司法协助互助,落实内地与澳门仲裁程序相互协助保全安排,落实内地与香港相互认可和协助破产程序机制。探索简化港澳诉讼主体资格司法确认和诉讼证据审查认定程序,拓展涉港澳案件诉讼文书跨境送达途径,拓宽内地与港澳相互委托查明法律渠道。推动建立深港澳调解组织和调解员资质统一认证机制,完善港澳人士担任特邀调解员、陪审员制度,依法保障符合条件的港澳律师在粤港澳大湾区执业权利。完善与港澳台司法交流机制,推动建立粤港澳法官审判专业研讨常态化机制,支持海峡两岸法院开展实务交流。

16. 加强国内法律与国际规则衔接。坚持统筹推进国内法治与涉外法治,大力推进涉外审判体系和审判能力现代化建设,加强重大涉外民商事案件审判指导,探索多语言发布涉外民商事指导性案例,扩大中国司法裁判国际影响力和公信力。实施海事审判精品战略,加快推进国际海事司法中心建设,探索完善航运业务开放、国际船舶登记、沿海捎带、船舶融资租赁等新类型案件审理规则,打造国际海事纠纷争议解决优选地。加强与有关国际组织、国家和地区司法领域合作,加大对走私、洗钱、网络诈骗、跨境腐败等跨境犯罪的打击力度。积极参与国际贸易、知识产权、环境保护、网络空间等领域国际规则制定,提升我国在国际经济治理中的话语权。

五、助力推进商品和服务市场高水平统一

17. 强化知识产权司法保护。加大知识产权司法保护力度,服务保障科技创新和新兴产业发展,以创新驱动、高质量供给引领和创造新需求。持续加大对重点领域、新兴产业关键核心技术和创新型中小企业原始创新司法保护力度。严格落实知识产权侵权惩罚性赔偿、行为保全等制度,有效遏制知识产权侵权行为。推动完善符合知识产权案件审判规律的诉讼规范,健全知识产权法院跨区域管辖制度,畅通知识产权诉讼与仲裁、调解对接机制,健全知识产权行政执法和司法衔接机制。

18. 依法保护劳动者权益。妥善审理平等就业权纠纷等案件,推动消除户籍、地域、身份、性别等就业歧视,促进劳动力、人才跨地区顺畅流动。加强跨境用工司法保护,准确认定没有办理就业证件的港澳台居民与内地用人单位签定的劳动合同效力。出台服务保障国家新型城镇化建设的司法政策,依法保护进城务工人员合法权益。研究出台涉新业态民事纠纷司法解释,加强新业态从业人员劳动权益保障。积极开展根治欠薪专项行动,依法严惩拒不支付劳动报酬违法犯罪行为,加大欠薪案件审执力度。推动完善劳动争议解决体系。

19. 助力提升商品质量。坚决惩处制售假冒伪劣商品、危害食品药品安全等违法犯罪行为。依法从严惩处制假售假、套牌侵权、危害种质资源等危害种业安全犯罪,促进国家种业资源统一保护。依法审理因商品质量引发的合同、侵权纠纷案件,准确适用惩罚性赔偿制度,注重运用民事手段助推商品质量提升。依法审理涉产品质量行政纠纷案件,支持行政机关深化质量认证制度改革,加强全供应链、全产业链、产品全生命周期管理。研究制定审理危害生产安全犯罪案件司法解释,促进安全生产形势持续好转。

20. 支持提升消费服务质量。完善扩大内需司法政策支撑体系,积极营造有利于全面促进消费的法治环境。严惩预付消费诈骗犯罪,妥善处理住房、教育培训、医疗卫生、养老托育等重点民生领域消费者权益保护纠纷案件,提高群众消费安全感和满意度。完善网络消费、服务消费等消费案件审理规则,服务保障消费升级和消费新模式新业态发展。优化消费纠纷案件审理机制,探索建立消费者权益保护集体诉讼制度,完善消费公益诉讼制度,推动建立消费者权益保护工作部门间衔接联动机制,促进消费纠纷源头治理。

六、切实维护统一的市场竞争秩序

21. 依法打击垄断和不正当竞争行为。强化司法反垄断和反不正当竞争,依法制止垄断协议、滥用市场支配地位等垄断行为,严厉打击侵犯商业秘密、商标恶意抢注、攀附仿冒等不正当竞争行为,加强科技创新、信息安全、民生保障等重点领域不正当竞争案件审理。加强对平台企业垄断的司法规制,及时制止利用数据、算法、技术手段等方式排除、限制竞争行为,依法严惩强制"二选一"、大数据杀熟、低价倾销、强制搭售等破坏公平竞争、扰乱市场秩序行为,防止平台垄断和资本无序扩张。依法严厉打击自媒体运营者借助舆论影响力对企业进行敲诈勒索行为,以及恶意诋毁商家商业信誉、商品声誉等不正当竞争行为。完善竞争案件裁判规则,适时出台反垄断民事诉讼司法解释。

22. 监督支持行政机关强化统一市场监管执法。修改完善办理政府信息公开案件司法解释,依法审理市场监管领域政府信息公开案件,促进行政机关严格依照法定权限和程序公开市场监管规则。依法妥善审理涉市场监管自由裁量、授权委托监管执法、跨行政区域联合执法等行政纠纷案件,监督支持行政机关提高综合执法效能、公平公正执法。加强与检察机关协作,通过审理行政公益诉讼案件、发送司法建议等方式,共同推动市场监管部门健全权责清晰、分工明确、运行顺畅的监管体系。加强与市场监管执法部门沟通协作,推进统一市场监管领域行政裁判规则与执法标准。

23. 依法惩处扰乱市场秩序违法犯罪行为。研究制定审理涉税犯罪案件司法解释,依法惩处逃税、抗税、骗税、虚开增值税专用发票等违法犯罪行为,加大对利用"阴阳合同"逃税、文娱领域高净值人群逃税等行为的惩处力度。加强与税务、公安等部门执法司法协同,推动完善税收监管制度。准确把握合同诈骗、强迫交易等违法犯罪行为入刑标准,依法认定相关合同效力,维护市场主体意思自治。依法严惩通过虚假诉讼手段逃废债、虚假破产、诈骗财物等行为。研究制定审理非法经营刑事案件司法解释,严格规范非法经营刑事案件定罪量刑标准。研究制定办理渎职刑事案件适用法律问题司法解释,对国家工作人员妨害市场经济发展的渎职犯罪处理问题作出规定。

24. 助力统筹推进疫情防控和经济社会发展。依法严惩利用疫情诈骗、哄抬物价、囤积居奇、造谣滋事,以及制售假劣药品、医疗器械、医用卫生材料等犯罪,维护疫情防控期间生产生活秩序。妥善处理疫情引发的合同违约、企业债务等纠纷案件,准确适用不可抗力规则,合理平衡当事人利益。精准服务做好"六稳"、"六保",妥善处理因疫情引发的劳资用工、购销合同、商铺租赁等民商事纠纷,持续完善司法惠民惠企政策,帮助受疫情严重冲击的行业、中小微企业和个体工商户纾困解难。

七、健全司法服务和保障工作机制

25. 深入推进诉讼制度改革。严格按照改革部署要求,系统集成推进司法体制综合配套改革各项工作举措,切实满足市场主体高效便捷公正解决纠纷的司法需求。强化诉权保护理念,坚决贯彻执行立案登记制度。稳妥推进四级法院审级职能定位改革,优化民商事、行政案件级别管辖标准,完善再审申请程序和立案标准,健全案件移送管辖提级审理机制,推动将具有普遍法律适用指导意义、关乎社会公共利益的案件交由较高层级法院审理。认真贯彻落实新修订的民事诉讼法,用足用好繁简分流改革成果,出台民事速裁适用法律问题司法解释,进一步推动案件繁简分流、轻重分离、快慢分道。

26. 完善统一法律适用工作机制。加强司法解释管理,完善案例指导制度,建立全国法院法统一适用平台,构建类案裁判规则数据库,推行类案和新类型案件强制检索制度,完善合议庭、专业法官会议工作机制,充分发挥审判委员会职责,构建多层次、立体化法律适用分歧解决机制。健全完善司法公开制度体系,加大司法公开四大平台整合力度。推进司法制约监督体系建设,全面推行审判权力责任清单和履职指引制度,完善"四类案件"识别监管机制,构建科学合理的司法责任认定和追究制度。

27. 深化一站式多元解纷和诉讼服务体系建设。坚持和发展新时代"枫桥经验",把非诉讼纠纷解决机制挺在前面,推动矛盾纠纷系统治理、综合治理、源头治理,切实降低市场主体纠纷解决成本。突出一站、集约、集成、在线、融合五个关键,建设集约高效、多元解纷、便民利民、智慧精准、开放互动、交融共享的现代化诉讼服务体系。发挥人民法院调解平台集成作用,完善司法调解与人民调解、行政调解联动体系,强化诉讼与非诉讼实质性对接。加大在线视频调解力度,建立健全劳动争议、金融保险、证券期货、知识产权等专业化调解机制。

28. 加强互联网司法和智慧法院建设。推进互联网、大数据、人工智能、区块链与审判执行工作深度融合,以司法数据中台和智慧法院大脑为牵引,推动智能协同应用,拓展数据知识服务,构建一体云网设施,提升质效运维水平。推进落实《人民法院在线诉讼规则》《人民法院在线调解规则》《人民法院在线运行规则》,进一步健全完善在线司法程序规范,优化平台建设,推动互联网司法模式成熟定型。深化互联网法院建设,推动完善互联网法院设置和案件管辖范围,充分发挥互联网法院在确立规则、完善制度、网络治理等方面的规范引领作用。

29. 提高服务保障能力水平。牢牢坚持党对司法工作的绝对领导,坚持以党建带队建促审判,推动党建与审判业务工作深度融合、互促共进。加大知识产权、环境资源、涉外法治、破产、金融、反垄断等领域高层次审判人才培养力度,培养一批树牢市场化思维、精通相关领域业务的审判业务专家。通过教育培训、案例指导、交流研讨等形式,加强相关领域审判业务指导,最高人民法院适时发布相关领域指导性案例和典型案例。充分用好人民法院各类研究平台和资源,加强对有关重大问题的调查研究,推出高质量研究成果。

30. 加强组织实施保障。各级人民法院要把服务保障加快建设全国统一大市场作为重大政治任务,列入党组重要议事日程,及时研究解决工作推进中的新情况新问题,对是否存在妨碍全国统一大市场建设的规定和实际情况开展自查清理。最高人民法院各有关部门要加强条线指导,各地法院要结合本地区经济社会发展实际,细化完善服务保障措施,推出新招硬招实招,确保各项服务保障举措落地见效。要认真总结司法服务保障建设全国统一大市场的好经验好做法,全媒体、多角度、立体化做好宣传、总结、推广,为加快建设全国统一大市场营造良好舆论氛围。

附:

2022 年 7 月份报国务院备案并予以登记的地方性法规、自治条例、单行条例和地方政府规章目录

地方性法规

法规名称	公布日期	备案登记编号
北京中轴线文化遗产保护条例	2022 年 5 月 25 日	国司备字[2022006558]
北京市住房租赁条例	2022 年 5 月 25 日	国司备字[2022006559]
北京市安全生产条例	2022 年 5 月 25 日	国司备字[2022006560]
北京市国民经济和社会发展计划审查监督条例	2022 年 5 月 26 日	国司备字[2022006561]
北京市知识产权保护条例	2022 年 3 月 31 日	国司备字[2022006569]
中国(北京)自由贸易试验区条例	2022 年 3 月 31 日	国司备字[2022006572]
天津市人民代表大会常务委员会关于修改《天津市绿化条例》的决定	2022 年 3 月 30 日	国司备字[2022006583]
天津市人民代表大会常务委员会关于促进和保障制造业立市推动高质量发展的决定	2022 年 3 月 30 日	国司备字[2022006584]
天津市人民代表大会常务委员会关于促进和保障构建"津城""滨城"双城发展格局的决定	2022 年 3 月 30 日	国司备字[2022006585]
河北省大运河文化遗产保护利用条例	2022 年 3 月 30 日	国司备字[2022006573]

续表

法规名称	公布日期	备案登记编号
河北省土地管理条例	2022年3月30日	国司备字[2022006574]
河北省医疗纠纷预防和处理条例	2022年3月30日	国司备字[2022006575]
河北省餐饮服务从业人员佩戴口罩规定	2022年5月27日	国司备字[2022006683]
河北省数字经济促进条例	2022年5月27日	国司备字[2022006684]
石家庄市全民健身条例	2022年4月3日	国司备字[2022006576]
石家庄市爱国卫生条例	2022年4月2日	国司备字[2022006577]
石家庄市养犬管理条例(修订)	2022年4月3日	国司备字[2022006578]
唐山市截瘫疗养院保护利用条例	2022年3月30日	国司备字[2022006579]
邯郸市志愿服务条例	2022年4月8日	国司备字[2022006582]
保定市城市园林绿化条例	2022年4月8日	国司备字[2022006581]
邢台市社会信用促进条例	2022年6月8日	国司备字[2022006685]
沧州市大运河文化遗产保护若干规定	2022年6月2日	国司备字[2022006686]
山西省汾河保护条例	2022年1月23日	国司备字[2022006628]
山西省燃气管理条例	2022年3月30日	国司备字[2022006629]
忻州市农村自建房屋管理条例	2022年4月6日	国司备字[2022006630]

续表

法规名称	公布日期	备案登记编号
长治市国家湿地公园保护条例	2022年4月11日	国司备字[2022006631]
内蒙古自治区人民代表大会常务委员会关于修改《内蒙古自治区人口与计划生育条例》的决定	2022年1月7日	国司备字[2022006609]
内蒙古自治区标准化条例	2022年3月29日	国司备字[2022006610]
内蒙古自治区燃气管理条例	2022年3月29日	国司备字[2022006611]
内蒙古自治区人民代表大会议事规则	2022年1月24日	国司备字[2022006626]
包头市供热条例	2022年1月13日	国司备字[2022006612]
包头市养犬管理条例	2022年1月13日	国司备字[2022006627]
通辽市农用地膜污染防治条例	2022年1月11日	国司备字[2022006613]
赤峰市城镇供热条例	2022年4月6日	国司备字[2022006614]
鄂尔多斯市电梯安全管理条例	2022年4月6日	国司备字[2022006615]
巴彦淖尔市阴山岩画保护条例	2022年1月17日	国司备字[2022006616]
鄂温克族自治旗人民代表大会关于废止《鄂温克族自治旗草原管理条例》《鄂温克族自治旗土地管理条例》《鄂温克族自治旗动物防疫管理条例》《鄂温克族自治旗民族教育条例》的决定	2022年4月6日	国司备字[2022006619]

续表

法规名称	公布日期	备案登记编号
鄂伦春自治旗人民代表大会关于废止《鄂伦春自治旗民族教育条例》《鄂伦春自治旗城市市容和环境卫生管理条例》和《鄂伦春自治旗农药管理条例》的决定	2022年4月6日	国司备字〔2022006617〕
莫力达瓦达斡尔族自治旗人民代表大会关于废止《莫力达瓦达斡尔族自治旗民族教育条例》的决定	2022年4月6日	国司备字〔2022006618〕
莫力达瓦达斡尔族自治旗人民代表大会关于修改《莫力达瓦达斡尔族自治旗达斡尔民族民间传统文化保护条例》等4部单行条例的决定	2022年6月1日	国司备字〔2022006667〕
辽宁省人民代表大会常务委员会关于修改《辽宁省食品安全条例》等10件地方性法规的决定	2022年4月21日	国司备字〔2022006636〕
辽宁省人民代表大会常务委员会关于修改《辽宁省道路运输管理条例》的决定	2022年4月21日	国司备字〔2022006637〕
辽宁省人民代表大会常务委员会关于废止《辽宁省信访条例》的决定	2022年4月21日	国司备字〔2022006638〕
辽宁省大数据发展条例	2022年5月31日	国司备字〔2022006729〕
辽宁省精神卫生条例	2022年5月31日	国司备字〔2022006730〕
沈阳市人民代表大会常务委员会关于修改《沈阳市物业管理条例》的决定	2022年6月14日	国司备字〔2022006731〕
沈阳市人民代表大会常务委员会关于废止《沈阳市再生资源回收利用管理条例》的决定	2022年6月14日	国司备字〔2022006732〕
鞍山市人民代表大会常务委员会关于修改《鞍山市大气污染防治条例》的决定	2022年4月29日	国司备字〔2022006639〕
鞍山市人民代表大会常务委员会关于修改《鞍山市生活垃圾分类管理条例》的决定	2022年4月29日	国司备字〔2022006640〕

续表

法规名称	公布日期	备案登记编号
本溪市生活垃圾分类管理条例	2022年5月13日	国司备字〔2022006643〕
锦州市生活垃圾分类管理条例	2022年5月24日	国司备字〔2022006641〕
铁岭市农村生活垃圾分类及资源化利用管理条例	2022年4月27日	国司备字〔2022006642〕
朝阳市城市机动车停车管理条例	2022年5月13日	国司备字〔2022006645〕
葫芦岛市电动自行车管理条例	2022年5月10日	国司备字〔2022006646〕
桓仁满族自治县浑江流域野生鱼类保护条例	2022年5月25日	国司备字〔2022006733〕
桓仁满族自治县中华蜜蜂品种资源保护条例	2022年5月25日	国司备字〔2022006734〕
吉林省药品管理条例	2022年5月7日	国司备字〔2022006586〕
吉林省人民代表大会常务委员会关于废止《吉林省预防职务犯罪工作条例》的决定	2022年5月7日	国司备字〔2022006587〕
长春市反餐饮浪费条例	2022年5月12日	国司备字〔2022006588〕
长春市物业管理条例	2022年5月13日	国司备字〔2022006589〕
白山市人民代表大会常务委员会关于修改《白山市燃放烟花爆竹管理条例》的决定	2022年5月12日	国司备字〔2022006590〕
松原市爱国卫生条例	2022年5月12日	国司备字〔2022006591〕
松原市文明行为促进条例	2021年12月1日	国司备字〔2022006604〕
黑龙江省哲学社会科学普及条例	2022年6月24日	国司备字〔2022006715〕

续表

法规名称	公布日期	备案登记编号
黑龙江省人民代表大会常务委员会关于修改《黑龙江省人民代表大会常务委员会人事任免条例》的决定	2022年6月24日	国司备字〔2022006716〕
江苏省数字经济促进条例	2022年5月31日	国司备字〔2022006671〕
江苏省精神卫生条例	2022年5月31日	国司备字〔2022006672〕
南通市人民代表大会常务委员会关于修改《南通市濠河风景名胜区条例》的决定	2022年6月8日	国司备字〔2022006673〕
南通市人民代表大会常务委员会关于修改《江苏南通狼山国家森林公园管理条例》的决定	2022年6月8日	国司备字〔2022006674〕
扬州市生活垃圾分类管理条例	2022年6月14日	国司备字〔2022006675〕
淮安市农贸市场管理条例	2022年6月7日	国司备字〔2022006676〕
杭州市社会信用条例	2022年6月6日	国司备字〔2022006658〕
杭州市国有土地上房屋征收与补偿条例	2022年6月6日	国司备字〔2022006659〕
湖州市太湖溇港世界灌溉工程遗产保护条例	2022年6月6日	国司备字〔2022006661〕
温州市居家养老服务促进条例	2022年6月8日	国司备字〔2022006660〕
舟山市人民代表大会常务委员会关于修改《舟山市国家级海洋特别保护区管理条例》的决定	2022年6月24日	国司备字〔2022006662〕
山东省科学技术协会条例	2022年6月9日	国司备字〔2022006711〕
山东省红十字会条例	2022年6月9日	国司备字〔2022006712〕

续表

法规名称	公布日期	备案登记编号
山东省人民代表大会常务委员会关于修改《山东省人民代表大会常务委员会人事任免办法》等四件地方性法规的决定	2022年6月9日	国司备字〔2022006713〕
郑州市不动产登记服务条例	2022年6月20日	国司备字〔2022006720〕
平顶山市优化营商环境条例	2022年6月25日	国司备字〔2022006721〕
开封市人民代表大会常务委员会关于修改《开封市城市饮用水水源保护条例》的决定	2022年6月15日	国司备字〔2022006722〕
安阳市城市市容和环境卫生管理条例	2022年6月21日	国司备字〔2022006723〕
驻马店市文明行为促进条例	2022年6月21日	国司备字〔2022006724〕
新乡市文明行为促进条例	2022年6月14日	国司备字〔2022006725〕
鄂州市养犬管理条例	2022年6月17日	国司备字〔2022006728〕
长阳土家族自治县人民代表大会关于修改、废止部分单行条例的决定	2022年5月30日	国司备字〔2022006726〕
广州市学校安全管理条例	2022年1月22日	国司备字〔2022006564〕
广州市生态环境保护条例	2022年1月22日	国司备字〔2022006565〕
广州市人民代表大会常务委员会关于废止《广州市按比例安排残疾人就业办法》的决定	2022年6月9日	国司备字〔2022006647〕
珠海市人民代表大会常务委员会关于废止《珠海市企业工资支付条例》的决定	2022年6月10日	国司备字〔2022006648〕
汕头市禁止燃放烟花爆竹规定	2022年6月6日	国司备字〔2022006680〕

续表

法规名称	公布日期	备案登记编号
汕头经济特区户外广告设施和招牌设置管理条例	2022年6月28日	国司备字[2022006649]
汕头经济特区城市景观照明条例	2022年6月28日	国司备字[2022006650]
汕头市人民代表大会常务委员会关于废止《汕头经济特区禁止生产销售燃放烟花爆竹规定》的决定	2022年6月28日	国司备字[2022006651]
汕头市人民代表大会常务委员会关于废止《汕头市人民代表大会常务委员会关于促进和保障第三届亚洲青年运动会筹备和举办工作的决定》和《汕头市人民代表大会常务委员会关于调整〈汕头市人民代表大会常务委员会关于促进和保障第三届亚洲青年运动会筹备和举办工作的决定〉实施期限的决定》的决定	2022年6月28日	国司备字[2022006652]
佛山市市场主体服务条例	2022年6月7日	国司备字[2022006681]
东莞市气象灾害防御条例	2022年6月14日	国司备字[2022006682]
广西壮族自治区人民代表大会常务委员会关于修改《广西壮族自治区乡、民族乡、镇人民代表大会工作条例》的决定	2022年5月13日	国司备字[2022006717]
柳州市机动车停车条例	2022年5月26日	国司备字[2022006718]
崇左市经营性露天烧烤管理规定	2022年6月9日	国司备字[2022006719]
海南省人民代表大会常务委员会关于修改《海南省自然保护区条例》等六件法规的决定	2022年5月31日	国司备字[2022006668]
海南省非物质文化遗产规定	2022年5月31日	国司备字[2022006669]

续表

法规名称	公布日期	备案登记编号
海南省人民代表大会常务委员会关于修改《海南省生态保护红线管理规定》的决定	2022年5月31日	国司备字[2022006670]
海南省法律援助规定	2022年5月31日	国司备字[2022006714]
重庆市人民代表大会常务委员会关于废止《重庆市信访条例》的决定	2022年6月10日	国司备字[2022006666]
重庆市红色资源保护传承规定	2022年6月10日	国司备字[2022006677]
重庆市人民代表大会代表议案工作条例	2022年6月10日	国司备字[2022006678]
重庆市人民代表大会常务委员会关于修改《重庆市各级人民代表大会常务委员会人事任免工作条例》的决定	2022年6月10日	国司备字[2022006679]
四川省红十字会条例	2022年3月31日	国司备字[2022006592]
四川省水资源条例	2022年4月1日	国司备字[2022006593]
四川省铁路安全管理条例	2022年3月31日	国司备字[2022006595]
四川省现代农业园区条例	2022年3月31日	国司备字[2022006596]
四川省《中华人民共和国反恐怖主义法》实施办法	2022年3月31日	国司备字[2022006597]
四川省《中华人民共和国中小企业促进法》实施办法	2022年3月31日	国司备字[2022006598]
成都市地下空间开发利用管理条例	2022年4月6日	国司备字[2022006599]
自贡市村规划管理条例	2022年4月8日	国司备字[2022006600]

续表

法规名称	公布日期	备案登记编号
阿坝藏族羌族自治州人民代表大会关于修改《阿坝藏族羌族自治州宗教事务条例》的决定	2022年4月11日	国司备字[2022006601]
凉山彝族自治州施行《中华人民共和国民法典》婚姻家庭编的变通规定	2022年4月1日	国司备字[2022006602]
凉山彝族自治州移风易俗条例	2022年4月1日	国司备字[2022006603]
云南省迪庆藏族自治州民族团结进步条例	2022年5月30日	国司备字[2022006606]
云南省怒江傈僳族自治州林业管理条例	2022年6月29日	国司备字[2022006727]
云南省宁洱哈尼族彝族自治县人民代表大会关于废止《云南省普洱哈尼族彝族自治县环境污染防治条例》的决定	2022年5月20日	国司备字[2022006605]
甘肃省气象条例	2022年6月2日	国司备字[2022006687]
甘肃省气象灾害防御条例	2022年6月2日	国司备字[2022006688]
甘肃省消费者权益保护条例	2022年6月2日	国司备字[2022006697]
甘肃省单用途预付消费卡管理条例	2022年6月2日	国司备字[2022006698]
甘肃省农村能源条例	2022年6月2日	国司备字[2022006699]
甘肃省残疾人保障条例	2022年6月2日	国司备字[2022006700]
甘肃省非物质文化遗产条例	2022年6月2日	国司备字[2022006701]
甘肃省公共文化服务保障条例	2022年6月2日	国司备字[2022006702]

续表

法规名称	公布日期	备案登记编号
甘肃省水利工程设施管理保护条例	2022年6月2日	国司备字[2022006703]
甘肃省人民代表大会常务委员会关于废止《甘肃省农业技术推广条例》的决定	2022年6月2日	国司备字[2022006704]
甘肃省人民代表大会常务委员会关于废止《甘肃省信访条例》的决定	2022年6月2日	国司备字[2022006705]
甘肃省人民代表大会常务委员会关于废止《甘肃省湿地保护条例》的决定	2022年6月2日	国司备字[2022006706]
甘肃省人民代表大会常务委员会关于废止《甘肃省村务公开条例》的决定	2022年6月2日	国司备字[2022006707]
甘肃省人民代表大会常务委员会关于废止《甘肃省娱乐场所管理条例》的决定	2022年6月2日	国司备字[2022006708]
甘肃省人民代表大会常务委员会关于废止《甘肃省促进个体私营经济发展条例》的决定	2022年6月2日	国司备字[2022006709]
甘肃省人民代表大会常务委员会关于废止《甘肃省政府非税收入管理条例》的决定	2022年6月2日	国司备字[2022006710]
武威市人民代表大会常务委员会关于修改《武威市防沙治沙条例》的决定	2022年6月9日	国司备字[2022006663]
庆阳市人民代表大会常务委员会关于修改《庆阳市物业管理条例》的决定	2022年6月29日	国司备字[2022006664]
庆阳市燃气管理条例	2022年6月29日	国司备字[2022006665]
青海省人民代表大会常务委员会关于修改和废止部分地方性法规的决定	2022年1月13日	国司备字[2022006607]
青海省中医药条例	2022年3月29日	国司备字[2022006608]
宁夏回族自治区枸杞产业促进条例	2022年6月2日	国司备字[2022006657]
新疆维吾尔自治区关键信息基础设施安全保护条例	2022年3月25日	国司备字[2022006634]

续表

法规名称	公布日期	备案登记编号
新疆维吾尔自治区人民代表大会常务委员会关于加强国有资产管理情况监督的决定	2022年3月25日	国司备字〔2022006635〕
乌鲁木齐甘泉堡经济技术开发区(工业区)条例	2022年6月14日	国司备字〔2022006653〕
乌鲁木齐市人民代表大会常务委员会关于修改《乌鲁木齐市大气污染防治条例》的决定	2022年6月14日	国司备字〔2022006654〕
克拉玛依市社会信用条例	2022年6月10日	国司备字〔2022006655〕
巴音郭楞蒙古自治州库尔勒香梨产业高质量发展促进条例	2022年6月13日	国司备字〔2022006656〕

地方政府规章

规章名称	公布日期	备案登记编号
北京市人民政府关于废止《北京市盐业管理若干规定》等4项政府规章的决定	2022年6月19日	国司备字〔2022006594〕
天津市人民政府关于修改《天津市报废机动车回收利用管理办法》和《天津市公共场所室内空气质量管理规定》的决定	2022年6月8日	国司备字〔2022006567〕
《长春市国有土地上房屋征收与补偿条例》实施办法	2022年7月1日	国司备字〔2022006620〕
哈尔滨市人民政府关于委托实施土地和矿产资源管理方面行政处罚的决定	2022年6月25日	国司备字〔2022006625〕
上海市人民政府关于废止《上海市流动人口计划生育工作规定》的决定	2022年6月18日	国司备字〔2022006563〕
上海市人民政府关于修改《上海市农业机械安全管理规定》等2件市政府规章的决定	2022年6月22日	国司备字〔2022006644〕
江苏省生态文明教育促进办法	2022年6月28日	国司备字〔2022006622〕

续表

规章名称	公布日期	备案登记编号
江苏省行政规范性文件管理规定	2022年6月28日	国司备字[2022006623]
常州市游泳场所卫生管理办法	2022年7月12日	国司备字[2022006738]
安徽省人民政府关于废止部分规章的决定	2022年6月8日	国司备字[2022006557]
蚌埠市农村人居环境治理办法	2022年6月13日	国司备字[2022006570]
福建省矿产资源监督管理办法	2022年5月31日	国司备字[2022006552]
东营市城市地下管线管理办法	2022年7月7日	国司备字[2022006737]
鄂州市人民政府关于修改《鄂州市建筑垃圾管理办法》《鄂州市物业管理实施办法》的决定	2022年6月14日	国司备字[2022006562]
潮州市人民政府拟定地方性法规草案和制定政府规章程序规定(修订)	2022年6月17日	国司备字[2022006580]
潮州市古城区消防安全管理办法(修订)	2022年6月17日	国司备字[2022006632]
广西壮族自治区人民政府关于废止部分政府规章的决定	2022年7月15日	国司备字[2022006735]
南宁市人民政府关于修改《南宁市城市建设档案管理办法》的决定	2022年6月17日	国司备字[2022006621]
文山州农贸市场管理办法	2022年6月21日	国司备字[2022006740]
西藏自治区储备粮管理办法	2022年6月23日	国司备字[2022006736]
西宁市水土保持管理办法	2022年6月15日	国司备字[2022006690]
陕西省人民政府关于废止《陕西省社会抚养费征收管理实施办法》的决定	2022年4月8日	国司备字[2022006555]

续表

规章名称	公布日期	备案登记编号
陕西省人民政府关于公布《赋予经济发达镇部分县级经济社会管理权限指导目录》的决定	2022年6月2日	国司备字〔2022006566〕
陕西省人民政府关于委托一批行政许可事项的决定	2022年6月29日	国司备字〔2022006624〕
西安市城市地下管线管理办法	2022年6月24日	国司备字〔2022006553〕
宝鸡市城市生活垃圾分类管理办法	2021年5月14日	国司备字〔2022006554〕
咸阳市羊毛湾水库饮用水水源保护管理办法	2022年7月15日	国司备字〔2022006691〕

图书在版编目(CIP)数据

中华人民共和国新法规汇编.2022年.第8辑:总第306辑/司法部编.—北京:中国法制出版社,2023.1
ISBN 978-7-5216-3235-4

Ⅰ.①中… Ⅱ.①司… Ⅲ.①法规-汇编-中国-2022 Ⅳ.①D920.9

中国国家版本馆CIP数据核字(2023)第015005号

中华人民共和国新法规汇编

ZHONGHUA RENMIN GONGHEGUO XIN FAGUI HUIBIAN

(2022年第8辑)

编者/司法部

经销/新华书店
印刷/三河市紫恒印装有限公司
开本/850毫米×1168毫米 32开 印张/4.5 字数/90千
版次/2023年1月第1版 2023年1月第1次印刷

中国法制出版社出版
书号 ISBN 978-7-5216-3235-4 定价:18.00元

北京市西城区西便门西里甲16号西便门办公区
邮政编码:100053 传真:010-63141600
网址:http://www.zgfzs.com 编辑部电话:010-63141663
市场营销部电话:010-63141612 印务部电话:010-63141606
(如有印装质量问题,请与本社印务部联系。)